DIE ENTFÜHRUNG DER
LANDSHUT
IN ZEITZEUGENBERICHTEN

Wolfgang Borgmann

Motor
buch
Verlag

Einbandgestaltung: Frank Zähringer

Bildnachweis: Soweit nicht anders vermerkt, stammen die Bilder vom Autor bzw. aus dessen Archiv.

ISBN: 978-3-613-04351-0

1. Auflage 2021

Sie finden uns im Internet unter www.motorbuch-verlag.de

Innengestaltung: WS – WerbeService Linke, 76185 Karlsruhe
Druck und Bindung: PBtisk a.s. Pribram
Printed in Czech Republic

In Andenken an Flugkapitän
Jürgen Schumann

INHALT

VORWORT

Erinnerung an die Geiseln und ihre Befreier

Am 13. Oktober 1977 brachte ein vierköpfiges Terrorkommando der palästinensischen Befreiungsorganisation »Popular Front for the Liberation of Palestine – Special Command – PFLP-SC« (Volksfront zur Befreiung Palästinas – Spezialkommando) den Lufthansa Flug LH 181 von Palma de Mallorca nach Frankfurt/Main unter seine Kontrolle. Für die 86 Passagiere und fünf Besatzungsmitglieder begann damit ein fünftägiges Martyrium, das erst um 00:05 Uhr des 18. Oktober auf dem Airport der somalischen Hauptstadt Mogadischu mit der Erstürmung der Maschine durch die Polizei-Spezialeinheit GSG 9 und die Befreiung der dann noch 86 lebenden Geiseln ein glückliches Ende nahm.

Als ich begann, dieses Buch über die Entführung der Lufthansa Boeing 737-230QC mit dem Kennzeichen D-ABCE und Taufnamen »Landshut« zu schreiben, wurde mir schnell bewusst, dass ich es nicht bei der simplen Schilderung der Fakten belassen kann, sondern in persönlichen Gesprächen aus erster Hand das damalige Grauen erfahren und das Schockierende selbst verarbeiten muss.

Dieses bin ich den damaligen Geiseln schuldig, die seit mehr als 43 Jahren teilweise Tag für Tag unter der damals erlittenen seelischen und körperlichen Folter leiden. Ein Trauma, das sie bis an ihr Lebensende begleiten wird. Was dies für die Betroffenen bedeutet, lässt sich nur erahnen, doch gibt es eine Schlüsselszene in meinem Interview mit der damaligen Geisel Diana Müll, die als 19-jährige Passagierin an Bord von Flug LH 181 gefangen war und dort seelisch schwer misshandelt wurde. Ihre wenige Jahre nach den Ereignissen an einen Therapeuten gerichtete Bitte um psychologische Hilfe wurde mit den Worten abgetan: »Sie waren eine Geisel an Bord der Landshut? Da kann Ihnen niemand helfen....« Vielleicht hatte jener Psychotherapeut sogar Recht. Wie kann man fünf Tage permanenter Todesangst, eine Scheinhinrichtung mit geladener Pistole an der Schläfe, das Übergießen mit Alkohol, »damit ihr besser brennt«, und die kaltblütige Ermordung von Flugkapitän Jürgen Schumann vor den Augen aller Geiseln – darunter selbst Kleinkinder – auch »verarbeiten«?

Die persönliche Schilderung dieser seelischen und körperlichen Qual war in den für dieses Buch geführten Gesprächen für mich als Autor nur schwer zu ertragen. Doch kann ich - im Gegensatz zu den Opfern - nach einer gewissen Zeit zu meinem ge-

Dass die Geiseln an Bord der »Landshut« selbst nach der Landung auf einem unbefestigten Sandstreifen in Aden unversehrt blieben, war vor allem der robusten Konstruktion der Boeing 737 zu verdanken. Sie verhinderte nicht nur in dieser heiklen Situation Schlimmeres. Im Bild der klassische »Uhrenladen« dieses unverwüstlichen Arbeitspferdes. (Ted Huetter)

wohnten Alltag übergehen – sie haben jedoch durch eine Gruppe sadistischer Gewalttäter im Oktober 1977 völlig unverschuldet »Lebenslänglich« erhalten. Ihr einziger »Fehler« bestand darin, ein Ticket für den Lufthansa-Flug LH 181 an jenem schicksalsträchtigen 13. Oktober 1977 gekauft zu haben.

Die grauenhaften, die Geiseln ein Leben lang peinigenden Erinnerungen stehen im krassen Gegensatz zur Geschichte der überlebenden palästinensischen Terroristin Souhaila Andrawes, die seit einer kurzzeitigen Gefängnishaft in Deutschland und Norwegen heutzutage ein gutbürgerliches Leben in der norwegischen Hauptstadt Oslo führt. Sie hat sich von der damaligen Ideologie zumindest für die Richter glaubhaft freigesprochen, doch erinnern sich die Geiseln bis heute an ihren ausgeprägten Sadismus, mit dem sie ihre Opfer fünf Tage lang quälte. »Sie benahm sich wie eine der Bestie«, entfuhr es dem damaligen Copiloten der »Landshut« in unserem Gespräch. Grausame Erinnerungen, die man nicht aus dem Gedächtnis wie von einer Computer-Festplatte löschen kann, und die ihn selbst nach so vielen Jahren immer und immer wieder heimsuchen.

Der Zufall wollte es, dass ausgerechnet die Boeing 737-230QC mit dem Kennzeichen D-ABCE von Lufthansa für Fotoflüge ausgewählt wurde, aus denen Pressefotos sowie an Bord der Jets verteilte Postkartenmotive hervorgingen. (Lufthansa)

Opfer sind jedoch auch die Angehörigen jener Menschen, die an Bord unter den Qualen leiden mussten. Die Mütter, Väter, Brüder, Kinder, die keinen geliebten Menschen nach dem Urlaub auf Mallorca in die Arme nehmen durften, sondern am sechsten Tag einen gebrochenen, für das restliche Leben gezeichneten Angehörigen vorfanden – die meisten davon äußerlich unversehrt, doch innerlich zerstört. Als Konsequenz aus dem Erlebten ertrank manch Geisel ihre grauenhaften Erinnerungen im Alkohol. Ehen zerbrachen – und einige Geiseln setzten ihrem Leben selbst ein Ende.
Und wie mag es der Familie des in Aden kaltblütig ermordeten Flugkapitäns Jürgen Schumann ergangen sein, die niemanden mehr am 18. Oktober 1977 nach Landung der Sondermaschine aus Mogadischu mit den befreiten Geiseln an Bord in die Arme nehmen konnte? Worte dafür zu finden, versuchten neun Jahre später die Angehörigen des am 10. Oktober 1986 von der dritten Generation der Roten Armee Fraktion (RAF) ermordeten Gerold von Braunmühl, der als politischer Direktor im Auswärtigen Amt in Bonn arbeitete. Als Replik auf die krude Rechtfertigung der Terroristen, die in ihm einen »Geheimdiplomat im Zentrum des militärisch-industriellen Komplexes des imperialistischen Gesamtsystems« sahen, veröffentlichte seine Familie in der »tageszeitung« einen offenen Brief an die Mörder, der die Absurdität ihrer Tat

Am 22. September 2017 traf die in Brasilien demontierte und an Bord von Großraumfrachtern nach Friedrichshafen geflogene »Landshut« wieder in Deutschland ein. Dort wurde sie (v.l.n.r.) vom damaligen Direktor des Dornier Museums, David Dornier sowie den »Landshut«-Geiseln Jürgen Vietor, Diana Müll und Gabriele von Lutzau (geb. Dillmann) begrüßt. (Dornier Museum)

aufzeigt. Patrick von Braunmühl, Sohn des Opfers, erklärte zudem: »Wir wollten den Tätern auch klar sagen: Ihr habt jemandem das Leben genommen, der eine Familie hat, und damit habt ihr auch im persönlichen Umkreis des Opfers Schlimmes angerichtet – es war uns wichtig auch, diese Dimension der Tat aufzuzeigen.«

Die Boeing 737- und 727-Flotten waren für Lufthansa in den 70er-Jahren das Rückgrat auf der Kurz- und Mittelstrecke. Ihre Rolle entsprach der heutigen Airbus A320-Familie. (Flughafen Hamburg)

KAPITEL 1 – DER »DEUTSCHE HERBST«

Die Ereignisse des »Deutschen Herbstes« 1977 – und hier vor allem die Entführung der Lufthansa-Maschine »Landshut« – haben sich in das kollektive Gedächtnis der Deutschen eingebrannt.
Der amerikanische Sänger und Songschreiber Billy Joel hätte es in seinem 1989 veröffentlichten Lied »We didn't start the fire«, zu Deutsch: »Wir haben das Feuer nicht entfacht«, nicht treffender ausdrücken können. Mögen uns die aktuellen Herausforderungen einer Pandemie, Angriffe links- und rechtsradikaler Gruppierungen auf unseren Rechtsstaat oder die Verleugnung offensichtlicher Fakten durch Politiker und irregeleitete Mitmenschen noch so beängstigen – das Feuer globaler Konflikte und Katastrophen brennt, seitdem der Homo Sapiens die Welt betreten hat. Dies gilt nicht zuletzt für die Nachkriegsgeschichte der Bundesrepublik Deutschland, die in den 1970er-Jahren von einer beispiellosen Welle linksradikaler Gewalt überrollt wurde. Ihre Ziele glaubten die diversen Gruppierungen, mit dem Mittel des Terrorismus am besten durchsetzen zu können. So beispielsweise durch Mord, Entführung oder Brandstiftung zum Schaden prominenter Politiker und Wirtschaftsgrößen – oder von öffentlichen Einrichtungen der verhassten deutschen Wohlstandsgesellschaft, wie Kaufhäuser als Sinnbilder des angeprangerten »Konsumterrors«.

Linksextremisten gründen die RAF

Ihren Ursprung hatten die Gruppierungen in den Kreisen der Studentenbewegung in den späten 1960er-Jahren, die sich der globalen Bewegung gegen den von den USA geführten Vietnamkrieg anschloss. Sie hatte aber auch innerdeutsche Ursachen, wie die Einführung der umstrittenen »Notstandsgesetze«, um die das Grundgesetz der Bundesrepublik offiziell am 28. Juni 1968 ergänzt wurde – oder die durchaus berechtigte Forderung, Verbrechen während der Naziherrschaft aufzuarbeiten und bis dato unbehelligte Täter zur Verantwortung zu ziehen. Diese gesellschaftliche Auseinandersetzung mit der jüngsten deutschen Geschichte war unmittelbar nach Kriegsende zunächst weitestgehend ausgeblieben, als Westdeutschland das so genannte »Wirtschaftswunder« mit Vollbeschäftigung erlebte und »Wohlstand für alle« im Vordergrund stand. Der finale Funke zur Entzündung einer bereits hoch explosiven Stimmung war jedoch der Tod des Studenten Benno Ohnesorg am 2. Juni 1967 in Berlin, der bei einer Demonstration gegen den Besuch des Schah Mohammad Reza Pahlavi von Persien durch einen Polizisten erschossen wurde. Die daraus resultierenden Massenproteste gelten als ideologischer Nährboden für die »Bewegung 2. Juni«, die »Revolutionären Zellen« sowie die »Rote Armee Fraktion« (RAF). Alle drei teilten die Ablehnung der Bundesrepublik Deutschland, die sie als faschistisches, imperialistisches Staatsgebilde betrachteten, das es im Namen sozialrevolutionärer Ideale zu zerstören galt. Die deutsche Arbeiterklasse sollte vom »kapitalistischen Joch« befreit werden, indem der durch Attentate provozierte Staat sein wahres »faschistisch-repressives« Gesicht zeigt, gegen das sich die Arbeiterschaft sodann erheben würde. Als Nebenprodukt sollte sich die von Deutschland ausgehende Revolution global ausbreiten und das Ende der »kapitalistisch-faschistischen« Weltordnung einläuten, die durch ein sozialistisches Gesellschaftssystem abzulösen sei. Dabei sahen sich die RAF-Mitglieder als »Intelligenz« und »revolutionäre Avantgarde«, die als »Stadtguerilla« eine Führungsrolle im Klassenkampf für sich beanspruchte. Ideologische Vorbilder waren für die erste RAF-Generation dabei die Sowjetunion, die DDR und Nordkorea.

Terror für eine neue Gesellschaftsordnung

Ihren Höhepunkt fand die Gewaltspirale im Jahr 1977, als die RAF die Bundesrepublik mit einer »Offensive 77« genannten Attentatsserie überzog, die schließlich im so genannten »Deutschen Herbst« mündete. Sie hatte primär das Ziel, inhaftierte Terroristen der ersten RAF-Generation der frühen 70er-Jahre durch Entführungen freizupressen. Den Anfang machte die Ermordung von Generalbundesanwalt Siegfried Buback und seines Fahrers am 7. April, die auf offener Straße in Karlsruhe erschossen wurden. Dem folgte am 30. Juli die Ermordung von Jürgen Ponto, Vorstandsprecher der Deutschen Bank, nachdem seine geplante Entführung gescheitert war. Am 5. September entführte die RAF den Arbeitgeberpräsidenten Hanns Martin Schleyer und ermordete seinen Fahrer sowie drei begleitende Sicherheitsbeamte. Die Entführer verlangten die Freilassung von elf inhaftierten Terroristen, darunter Andreas Baader, Gudrun Ensslin und Jan Carl Raspe. Am 13. Oktober entführten schließlich vier Mitglieder der Palästinensischen Befreiungsorganisation PFLP-SC die Lufthansa-Maschine »Landshut«, um der Forderung der Schleyer-Entführer Nachdruck zu verleihen. Bereits ein Jahr zuvor hatte die RAF mit der ihr politisch nahestehenden PFLP Kontakt aufgenommen, um gemeinsame Aktionen zur Befreiung ihrer in deutschen Gefängnissen inhaftierten Gesinnungsgenossen zu planen und auszuführen. Als die

Befreiung der Geiseln nach fünf Tagen des Martyriums durch die Spezialeinheit GSG 9 des damaligen Bundesgrenzschutzes gelingt, begehen drei der vier im Hochsicherheitsgefängnis Stuttgart-Stammheim einsitzenden Terroristen der RAF-Führungsriege der ersten Generation, Andreas Baader, Gundrun Ensslin und Jan Carl Raspe noch in der gleichen Nacht Selbstmord. Hanns Martin Schleyer hingegen kann selbst nach unzähligen Hinweisen aus der Bevölkerung und einer groß angelegten Suchaktion nicht rechtzeitig gefunden werden und wird nach dem glücklichen Ausgang der »Landshut«-Entführung ermordet.

Doch dies bedeutete noch nicht das Ende des RAF-Terrors in Deutschland. Der zweiten, bis 1981 aktiven Generation folgte noch eine dritte, die bis 1998 Anschläge verübte. Erst am 20. April jenes Jahres ging unvermittelt bei der Nachrichtenagentur Reuters ein achtseitiges Papier ein, in dem die Selbstauflösung der RAF verkündet wurde: »Heute beenden wir dieses Projekt. Die Stadtguerilla in Form der RAF ist nun Geschichte (...). Ab jetzt sind wir (...) ehemalige Militante der RAF.« Die Bilanz der 28-jährigen Gewaltorgie: 34 Tote und unzählige Verletzte sowie 500 Millionen Mark Sachschaden und Beute in Höhe von sieben Millionen D-Mark.

1.1 Die linksterroristischen Gruppierungen

Das Landesamt für Verfassungsschutz des Bundeslandes Baden-Württemberg veröffentlichte nachfolgende Definitionen der in den 70er-Jahren in der Bundesrepublik Deutschland aktiven linksterroristischen Gruppierungen.

Linksextremismus | Terrorismus

Terrorismus ist der nachhaltig geführte Kampf für politische Ziele, die mit Hilfe von Anschlägen auf Leib und Leben sowie Eigentum anderer Menschen oder auf Objekte durchgesetzt werden sollen. Dies geschieht insbesondere durch schwere Straftaten, wie sie in § 129a Abs. 1 des Strafgesetzbuchs genannt sind (z. B. Mord, Totschlag, erpresserischer Menschenraub, Brandstiftung, Herbeiführung einer Sprengstoffexplosion) oder durch andere Gewalttaten, die der Vorbereitung solcher Straftaten dienen.

»Bewegung 2. Juni«

Die terroristische Vereinigung »Bewegung 2. Juni« gründete sich Anfang der 1970er-Jahre. Sie gab sich ihren Namen im Hinblick auf den Tod des Studenten Benno Ohnesorg der bei einer Demonstration am 2. Juni 1967 in Berlin anlässlich des Staats-

besuches des Schahs von Persien von einem Polizeibeamten erschossen worden war. Vorbildfunktion dieser terroristischen Vereinigung hatte in den Anfangsjahren die RAF. Die Organisationsform ähnelte jedoch eher der einer »Revolutionären Zelle« (RZ) . Die »Bewegung 2. Juni« war in den Folgejahren ihrer Gründung für diverse terroristische Anschläge verantwortlich, so u. a. auch für die gewaltsame Befreiung des Terroristen Till Mayer im Jahre 1975 aus der Untersuchungshaftanstalt Berlin-Moabit oder auch die Entführung des Berliner CDU-Politikers Peter Lorenz.
Am 2. Juni 1980 erklärte die durch zahlreiche Verhaftungen geschwächte Gruppierung ihre Auflösung. Einige der Aktivisten der »Bewegung 2. Juni« schlossen sich daraufhin anderen terroristischen Gruppierungen, so z. B. der RAF oder den RZ an.

»Revolutionäre Zellen« (RZ)

Die Festnahme der Führungskader der RAF 1972 führte dem linksextremistischen Spektrum die Nachteile einer geschlossen, im Untergrund operierenden Terrorgruppe deutlich vor Augen. Ein Teil der Szene stellte daraufhin Überlegungen über die bestmögliche Organisationsform des »bewaffneten revolutionären Kampfes« an. Daraus erwuchs die Idee, eigenständige Kleingruppen (»Revolutionäre Zellen«, RZ) zu gründen, die keine zusammenhängenden Strukturen aufweisen und aus der Legalität heraus operieren sollten.
Am 23. Juni 1978 erlitt ein in Heidelberg lebender Student, der Mitglied einer »Revolutionären Zelle« war, beim Hantieren mit einem Sprengsatz schwere Verletzungen. Im Zuge der damaligen Ermittlungen konnten die Sicherheitsbehörden erstmals detaillierte Erkenntnisse über die RZ gewinnen. Demnach bestanden die streng voneinander abgeschotteten Gruppen meist aus drei bis fünf Mitgliedern, die in der Regel unauffällig, bürgerlich (Beruf, Studium etc.) lebten und in ihrer Freizeit Anschläge planten und ausführten. Sie wurden deshalb bald auch als »Feierabendterroristen« bezeichnet.
Konzept und Strategie der RZ wurden in konspirativ vertriebenen Szeneschriften (zunächst »REVOLUTIONÄRER ZORN«, dann auch »radikal«, »INTERIM« etc.) propagiert. Immer wieder waren darin auch Bauanleitungen für Spreng- und Brandsätze zu finden. Auf diese Weise sollten potenzielle Nachahmer – überwiegend aus dem militanten autonomen Spektrum – zu eigenen Aktionen und zur Gründung von »Resonanz-RZ« ermuntert werden. In kaum einer Taterklärung fehlte deshalb auch der Aufruf »*Schafft viele Revolutionäre Zellen!*«.
Bei der Auswahl der angegriffenen Objekte orientierten sich die RZ an aktuellen gesellschaftspolitischen Problemen wie beispielsweise den Reizthemen Wohnungsnot,

Rüstungsexporte, Gentechnik und Asylpolitik. Anschlagsziele waren deshalb Wohnungsbauunternehmen, Kaufhäuser, Betriebe mit Verbindung zu kerntechnischen Einrichtungen, Computerhersteller, Datenverarbeitungsanlagen, »Rüstungsfirmen«, Großbanken, Gewerkschaftsgebäude, Genforschungsinstitute sowie Behörden, die mit Ausländer- und Asylbewerberangelegenheiten befasst waren.
Das Jahr 1992 bildete auch für die »Revolutionären Zellen« einen Einschnitt. In der linksextremistischen Szene entbrannte eine heftige Ideologiediskussion über die weitere Strategie und Taktik der RZ. So wurde vor allem die bisherige Linie, unreflektiert internationalistische »Politik« zu betreiben, infrage gestellt und auf nationale Brennpunkte als Aktionsfelder verwiesen.
Einen nochmaligen Schub bekam die – in verschiedenen Szenezeitschriften ausführlich wiedergegebene – Debatte durch die Auflösungserklärung einer RZ aus Nordrhein-Westfalen, die im März 1992 publiziert wurde. Als Grund für das »*Ende unserer Politik*« wurde dabei angegeben, dass sich die Erfolglosigkeit bei der Verwirklichung des angestrebten Ziels, der Bildung einer revolutionären Massenbewegung, immer weiter abzeichne. Andere »Revolutionäre Zellen« betonten jedoch die »*unveränderte Notwendigkeit einer sozialrevolutionären Guerilla*« und erklärten, an ihrer bisherigen Praxis festhalten zu wollen. So verübte eine RZ am 3. Oktober 1993 Sprengstoffanschläge auf eine Stromversorgungsstation des Grenzschutzamts Frankfurt/Oder und auf Dienstfahrzeuge des Bundesgrenzschutzes (BGS) am Flughafen Rothenburg bei Görlitz (Sachsen). Begründet wurden diese Aktionen mit der angeblichen »*Jagd nach Flüchtlingen durch den BGS*«. Ähnlich motivierte Anschläge gab es auch 1994.

»Rote Armee Fraktion« (RAF)

Die »Baader-Meinhof-Bande«, benannt nach ihren Rädelsführern Andreas Baader und Gudrun Ensslin sowie der als ideologische Vordenkerin hinzugekommenen Journalistin Ulrike Meinhof, gab sich Anfang 1972 in einem Brief an eine Berliner Untergrundzeitung selbst die Bezeichnung »*Rote Armee Fraktion*«. Schon frühzeitig operierte die Terrorgruppe aus der Illegalität heraus. Ihre gewalttätigen Aktionen steigerten sich von anfänglichen Kaufhausbrandstiftungen – aus Protest gegen den Vietnamkrieg im Jahr 1968 – über Bombenanschläge gegen US-amerikanische, aber auch deutsche Einrichtungen bis hin zu ganzen Serien gezielter Mordanschläge gegen führende Repräsentanten aus Politik und Wirtschaft.
In der Einsicht, mit ihrer »*Politik*« in eine Sackgasse ohne jede Erfolgsaussicht geraten zu sein, setzte die RAF 1992 selbst eine Zäsur, die eine Selbstreflexion und grundsätzliche Neubestimmung einleiten sollte. In einer Erklärung vom April jenes Jahres

Mit Fahndungsplakaten wie diesem forderte das Bundeskriminalamt die Bevölkerung zur Unterstützung bei der Suche nach Linksterroristen der so genannten »Baader/Meinhof-Bande« auf. Allerdings wurde auch darauf hingewiesen, bei der Begegnung mit einem der Gesuchten Vorsicht walten zu lassen, da dieser vermutlich schwer bewaffnet sei und auch nicht vor Gewalt zurückschrecken würde. (Bundeskriminalamt)

verkündete sie überraschend die vorläufige Einstellung des »*bewaffneten Kampfes*« und ihre Absicht, stattdessen innerhalb der deutschen »*Linken*« zum Aufbau einer »*Gegenmacht von unten*« beitragen zu wollen. Unverändert wurde die Freilassung der »*politischen Gefangenen*« gefordert.

Um den Druck auf die staatlichen Institutionen zu erhöhen, stellte die RAF mit dem Bombenanschlag auf die Justizvollzugsanstalt Weiterstadt/Hessen am 27. März 1993 (Sachschaden ca. 65 Millionen Euro) unter Beweis, dass sie nach wie vor in der Lage war, Gewaltaktionen erheblichen Ausmaßes durchzuführen. Gleichzeitig musste sie 1993 jedoch einen schweren Rückschlag hinnehmen: Am 27. Juni des Jahres wurde das RAF-Mitglied Birgit Hogefeld in Bad Kleinen/Mecklenburg-Vorpommern festgenommen. Ihr Begleiter Wolfgang Grams starb nach einem Schusswechsel, bei dem auch ein Polizeibeamter ums Leben kam. Die Voraussetzungen für diesen Zugriff der Sicherheitsbehörden waren durch die Einschleusung eines Informanten in die Terrorgruppe geschaffen worden.

Die Entscheidung der RAF von 1992 hatte weitreichende Konsequenzen in der linksterroristischen Szene. Unter den Inhaftierten aus der RAF kam es zum Bruch. Die Mehrheit der Häftlinge war nicht bereit, die Entwicklung zu akzeptieren, und erklärte ihre Trennung von der Terrorgruppe. Andere Inhaftierte und die im Untergrund lebenden RAF-Mitglieder distanzierten sich ihrerseits von diesen »Hardlinern«. Die daraus entstehenden Spannungen übertrugen sich auch auf die damalige Unterstützerszene.

Bereits Mitte 1996 wurde u. a. aus den Reihen der Inhaftierten die Forderung nach einer Auflösung der RAF bekannt. Zwei Jahre später zog diese die Konsequenzen aus ihrer perspektivlosen Situation. In ihrem letzten Schreiben, das – datiert auf März 1998 – am 20. April 1998 bei verschiedenen Presseagenturen einging, erklärte die RAF ihre Auflösung mit folgenden Worten:

»*Vor fast 28 Jahren am 14. Mai entstand in einer Befreiungsaktion die RAF. Heute beenden wir dieses Projekt. Die Stadtguerilla in Form der RAF ist nun Geschichte.*«

Das Eingeständnis des eigenen Scheiterns bedeutete jedoch keineswegs eine Distanzierung der RAF von ihrer Vergangenheit, vom »bewaffneten Kampf« und den damit verbundenen Gewalttaten. Stattdessen bekräftigte sie einmal mehr, dass es grundsätzlich richtig gewesen sei, »*sich gegen die Verhältnisse in der BRD zu stellen und zu versuchen, die Kontinuitäten der deutschen Geschichte mit Widerstand zu durchkreuzen.*«

1.2 Die Namen der Opfer

Durch Mörder der Roten Armee Fraktion wurden in den 28 Jahren ihres »bewaffneten Kampfes« 34 Menschen getötet.
Dies sind die Namen ihrer Opfer:
Norbert Schmid, Herbert Schoner, Hans Eckhardt, Paul A. Bloomquist, Clyde R. Bonner, Ronald A. Woodward, Charles L. Peck, Andreas Baron von Mirbach, Dr. Heinz Hillegaart, Fritz Sippel, Siegfried Buback, Wolfgang Göbel, Georg Wurster, Jürgen Ponto, Heinz Marcisz, Reinhold Brändle, Helmut Ulmer, Roland Pieler, Arie Kranenburg, Dr. Hanns Martin Schleyer, Hans-Wilhelm Hansen, Dionysius de Jong, Johannes Goemans, Edith Kletzhändler, Dr. Ernst Zimmermann, Edward Pimental, Becky Jo Bristol, Frank H. Scarton, Prof. Dr. Karl-Heinz Beckurts, Eckhard Groppler, Dr. Gerold von Braunmühl, Dr. Alfred Herrhausen, Dr. Detlev Carsten Rohwedder und Michael Newrzella.

KAPITEL 2 – LUFTHANSA FLUG LH 181

2.1 Die Entführer – Das Kommando »Martyr Halimeh«

Die vier Entführer der »Landshut«, zwei Männer und zwei Frauen, gehörten dem bewaffneten Spezialkommando »PFLP-SC« unter der Führung von Wadie Haddad der »Popular Front for the Liberation of Palestine« an. Nicht nur die Entführung der »Landshut«, sondern zahlreiche andere Flugzeugentführungen zwischen 1968 und 1977 gingen auf das Konto des 1978 in der DDR verstorbenen Haddad, der mit den Terroraktionen seiner Splittergruppe der PFLP-Forderung nach einem eigenen palästinensischen Staat Nachdruck verlieh. Im Gegensatz zu anderen palästinensischen Organisationen und Parteien erkennt die PFLP bis in die Gegenwart den israelischen Staat nicht an und wird von den USA sowie der Europäischen Union auf der Liste der Terrororganisationen geführt.

Die politisch dem marxistisch-leninistischen Lager zuzurechnende PFLP arbeitete nicht nur mit der deutschen, linksterroristischen Rote Armee Fraktion zusammen, sondern bildete auch Mitglieder der »Bewegung 2. Juni« sowie der »Revolutionären Zellen« in ihren Terror-Trainingscamps im Nahen Osten aus. Diese Waffenbrüderschaft führte schließlich dazu, dass palästinensische Terroristen der PFLP am 13. Oktober 1977 den Lufthansa-Flug LH 181 entführen, um stellvertretend der Forderung der RAF-Entführer von Hanns Martin Schleyer Nachdruck zu verleihen. Sie lautete, elf in der Bundesrepublik inhaftierte RAF-Gesinnungsgenossen, darunter die wegen mehrfachen Mordes verurteilten und im Hochsicherheitsgefängnis Stuttgart-Stammheim einsitzenden RAF-Terroristen der ersten Generation, Andreas Baader, Gudrun Ensslin und Jan Carl Raspe freizulassen. Zudem sollten zwei weitere Terroristen aus türkischer Haft freigelassen und 15 Millionen US-Dollar Lösegeld im Gegenzug für die Freiheit der »Landshut«-Geiseln gezahlt werden.

Zohair Youssif Akache

Selbsternannter »Captain Martyr Mahmud«

Zohair Youssif Akache war Anführer des Kommandos »Martyr Halimeh« und verlangte von den Geiseln, als »Captain Martyr Mahmud« angesprochen zu werden. Der 1954 in Palästina geborene Akache wuchs in einem Flüchtlingslager nahe der libanesischen Hauptstadt Beirut auf. (picture-alliance / dpa / dpa)

Der Anführer des Kommandos »Martyr Halimeh« wurde 1954 in Palästina geboren und wuchs in einem Flüchtlingslager nahe der libanesischen Hauptstadt Beirut auf. Als einziger der vier Terroristen verfügte Akache über Kenntnisse der Flugzeugtechnik, die er im Rahmen eines Ingenieurstudiums in London erworben hatte.

Bereits während seines Aufenthalts in Großbritannien war er als PFLP-Aktivist polizeilich bekannt und ermordete zu Beginn des Jahres 1977 den nordjemenitischen Regierungschef Kadhi Abdullah al-Hagri sowie zwei weitere Personen vor deren Luxushotel in der britischen Hauptstadt. Akache hielt sich in der irakischen Hauptstadt Bagdad auf, als er von PFLP-SC Anführer Wadi Haddad den Befehl zur Entführung der »Landshut« erhielt.

Der Name »Kommando Märtyrerin Halimeh« wurde in Anspielung auf den Decknamen »Halima« der deutschen Linksterroristin Brigitte Kuhlmann gewählt, die den »Revolutionären Zellen« angehörte. Sie war Mitglied einer Gruppe deutscher und palästinensischer Terroristen, die im Juli 1976 eine Air France-Maschine in die ugandische Hauptstadt Entebbe entführten, und wurde bei der Geiselbefreiung durch israelische Spezialkräfte erschossen. Wie seine weibliche Komplizin, Souhaila Andrawes, zeichnete sich Akache durch seinen Sadismus und die Freude aus, die ihm ausgelieferten Geiseln zu quälen. Dies bekamen zunächst Copilot Jürgen Vietor und eine Passagierin zu spüren, die eine Uhr und einen Füllfederhalter mit einem Markenzeichen mit sich führten, das von Akache irrtümlich für einen jüdischen Davidstern gehalten wurde. Beiden drohte er mit ihrer Erschießung, bevor er seinen Irrtum einsah und von den Geiseln abließ. Akache demütigte zudem Flugkapitän Jürgen Schumann während des Aufenthalts in Dubai, bevor er ihn während des Stopps in Aden exekutierte. Akache wird von den ihm ausgelieferten Geiseln rückblickend als unberechenbar beschrieben. So gefiel er sich in der Rolle als

Herrscher über Leben und Tod und ließ sich als »Captain Mahmud« der entführten Lufthansa-Maschine ansprechen. Diesen Kampfnamen hatte bereits der ebenfalls an der Entführung nach Entebbe beteiligte und dort bei der Geiselbefreiung erschossene deutsche Linksterrorist Wilfried Böse getragen, bevor ihn sich Akache zulegte. Seinen Gewaltexzessen folgten vermeintlich humane Gesten wie die Bestellung von Sekt und einer Torte in Dubai, um den Geburtstag von Anna-Maria Staringer, wie Hannelore Piegler und Gabriele Dillmann eine der drei Stewardessen an Bord, zu »feiern«. Tatsächlich stimmten die verängstigten Passagiere sogar auf sein Geheiß ein Geburtstagslied an. Zohair Youssif Akache wurde bei der Erstürmung der »Landshut« durch die GSG 9 in Mogadischu erschossen.

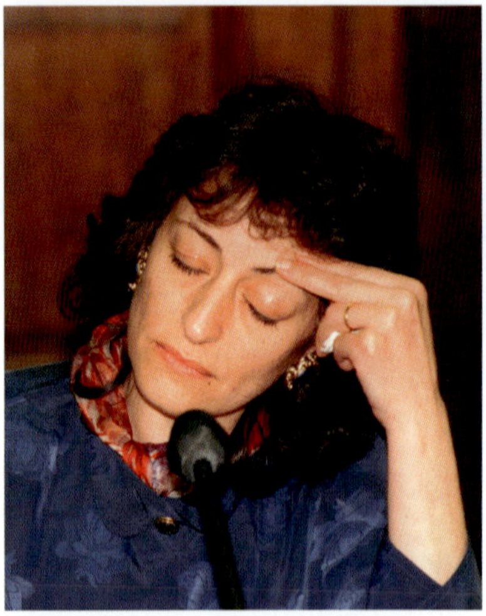

Souhaila Andrawes wurde ursprünglich von französischen Nonnen im Libanon erzogen und hatte vor ihrer Radikalisierung selbst die Absicht, Nonne zu werden. Im Verlauf der Entführung von Flug LH 181 zeichnete sie sich durch besondere Grausamkeit aus. Das Foto zeigt sie am 29. April 1996 kurz vor Beginn der Hauptverhandlung vor dem 3. Strafsenat des Hanseatischen Oberlandesgerichts, in der es um ihre Rolle während der »Landshut«-Entführung ging. (picture-alliance / dpa / Carsten Rehder)

Souhaila Andrawes

Vom Engel zum Teufel – so könnte man den Persönlichkeitswandel von Souhaila Andrawes als junge Erwachsene beschreiben. Mit palästinensischen Wurzeln ursprünglich von französischen Nonnen christlich im Libanon erzogen, hatte sie selbst die Absicht, Nonne zu werden! Erst durch ihre palästinensischen Verwandten vermittelte Kontakte zur PFLP radikalisierte sich Andrawes und wurde Anfang 1977 selbst zur Terroristin im jemenitischen Aden ausgebildet. Im Verlauf der Entführung von Flug LH 181 zeichnete sich Andrawes durch eine besondere Grausamkeit und Sadismus aus. So brach sie nach dem tödlichen Schuss auf Flugkapitän Jürgen Schumann in schallendes Lachen aus. Von den Passagieren und der »Landshut«-Crew erhielt sie den Namen »die Dicke«.

Im Verlauf der Befreiungsaktion durch die GSG 9 wurde Andrawes angeschossen, überlebte jedoch als einzige der vier Entführer. Nach Stationen im Irak, der Tschechoslowakei, dem Libanon, Syrien und Zypern erhielt Andrawes im Jahr 1991 in Norwegen politisches Asyl. 1994 von deutschen Zielfahndern dort aufgespürt wurde die Terroristin auf den Tag 17 Jahre nach dem Beginn der »Landshut«-Entführung in Oslo festgenommen und im November 1995 an Deutschland ausgeliefert. Ein Jahr darauf wurde sie in Hamburg zu zwölf Jahren Gefängnis wegen ihrer Beteiligung an Mord, Menschenraub, Geiselnahme und Flugzeugentführung verurteilt. Nachdem sie 1997 zur Verbüßung ihrer elfjährigen Reststrafe wieder zurück nach Norwegen überführt wurde kam sie wegen ihres vermeintlich schlechten Gesundheitszustandes in Folge der 1977 erlittenen Schussverletzungen nur zwei Jahre später wieder frei.

Die Mitläufer

Hind Alameh und Nabil Harbi

Hind Alameh, zum Zeitpunkt der Entführung gerade einmal 22 Jahre alt, erhielt von den Geiseln den Beinamen »die Kleine«. Im Gegensatz zu den übrigen Entführern moslemischen Glaubens war sie Christin. Als Freundin des Anführers Zohair Youssif Akache blickte sie nach Aussage von Geiseln während der Entführung zu ihm bewundernd auf. Sie hielt sich meist im Hintergrund, während Akache und Andrawes ihre Opfer mit großer Begeisterung quälten. Alameh wurde im Rahmen der Befreiungsaktion in Modagischu ebenso wie Nabil Harbi, zum Zeitpunkt der Entführung 23 Jahre alt, von den Geiseln auch »der Schöne« genannt, durch die GSG 9 ausgeschaltet und erlag noch vor Ort ihren Schussverletzungen.

2.2 Der Irrflug – Eine Chronologie

13. Oktober

- 09:22 GMT, Start von Flug LH 180 in Frankfurt am Main mit den fünf Besatzungsmitgliedern Schumann, Vietor, Piegler, Dillmann und Staringer in Richtung Palma de Mallorca.
- 12:11 GMT, LH 181 hebt mit 87 Passagieren und der gleichen Crew in Palma de Mallorca zum Rückflug nach Frankfurt/Main ab.
- Kaperung des Fluges durch vier palästinensische Terroristen als sich das Flugzeug über der französischen Hafenstadt Toulon befindet.
- Deren Anführer Zohair Youssif Akache, der sich den Kampfnamen »Kapitän Märtyrer Mahmud« gibt, befielt den Kurs Richtung Rom zu ändern.
- Die Entführer stellen während des Auftankens in Rom erste Forderungen, die sich teilweise mit jenen der Entführer Hanns Martin Schleyers decken. Zudem werden die Freilassung zweier in der Türkei inhaftierter palästinensischer Terroristen und 15 Millionen US-Dollar Lösegeld gefordert.
- Mahmud befiehlt die Flugnummer von LH 181 in »Martyr Halimeh Unit, Kofre Kaddum operation of the struggle against world imperialism organisation« zu ändern. Entsprechend wird das Rufzeichen auch im offiziellen Logbuch der D-ABCE angepasst.
- 16:42 GMT. Start in Rom zum Weiterflug nach Larnaka auf Zypern.
- 21:51 GMT. Erneuter Start in Larnaka.

14. Oktober

- 01:00 GMT. Landung in Bahrain nachdem die auf dem Flugweg liegenden Airports von Beirut, Damaskus, Bagdad und Kuwait für die »Landshut« gesperrt wurden.
- 02:24 GMT Start in Bahrain zum Weiterflug nach Dubai.
- 04:52 GMT. Landung in Dubai.

15. Oktober

- Flugkapitän Jürgen Schumann gelingt es während des Aufenthalts in Dubai eine versteckte Nachricht über Anzahl und Geschlecht der Entführer aus dem Flugzeug zu schmuggeln. Dies erfährt »Mahmud« nachdem die Nachricht von einem arabischen Radiosender verbreitet wurde.
- Die Treibstoffreserven der »Landshut« gehen zur Neige wodurch die Klimaanlage an Bord ausfällt und in der Kabine nach kurzer Zeit in der gleißenden Wüsten-

sonne vermutlich bis zu 60 Grad Celsius herrschen. Da dadurch auch die Stromversorgung nicht mehr gewährleistet ist, kommuniziert Mahmud zunächst dank einer Notbatterie per Funk mit dem Tower, bis auch diese leer ist.

- Lufthansa-Chefpilot Martin Gaebel und Boeing 737-Flottenchef Peter H. Heldt riskieren ihre Leben indem sie ein Bodenstromaggregat – Ground Power Unit (GPU) – an die Maschine fahren wodurch die Stromversorgung wieder hergestellt werden kann und somit erneut Luft aus den Frischluftdüsen über den Passagieren strömt.

16. Oktober

- Die Entführer erpressen die Betankung des Flugzeugs mit der angedrohten Erschießung der 19-jährigen Geisel Diana Müll.
- Start in Dubai in der Mittagszeit zum drei Stunden und 50 Minuten dauernden Weiterflug in das südjemenitische Aden.
- Da die Landebahn des Flugplatzes blockiert ist, setzt Copilot Jürgen Vietor die »Landshut« im Sonnenuntergang auf einer unbefestigten Sandpiste auf.
- Die in den Tanks verbliebene Resttreibstoffmenge beträgt zu diesem Zeitpunkt lediglich noch 200 Liter Kerosin.
- Flugkapitän Jürgen Schumann verlässt das Flugzeug zu einem Außencheck und kehrt erst nach ein bis zwei Stunden an Bord zurück.
- Anführer »Mahmud« erschießt ihn daraufhin, ohne seine Erklärung für das Fernbleiben anzuhören.

17. Oktober

- Nach dem Auftanken der D-ABCE erfolgt der Start zum Weiterflug nach Mogadischu das am frühen Morgen nach rund zwei Stunden Flugzeit erreicht wird.
- Dort wird die Leiche von Flugkapitän Schumann über die aufgeblasene, hintere rechte Notrutsche an die somalischen Behörden übergeben.
- Die Entführer drohen mit der Sprengung des Flugzeugs falls ihre Forderungen nicht erfüllt werden sollten.
- Die Geiseln werden mit Alkohol aus den an Bord befindlichen Spirituosen übergossen »damit sie besser brennen«.
- Zum Schein geht die Bundesregierung auf alle Forderungen der Entführer ein und hält sie mit der Erklärung hin, dass das Eintreffen der aus deutschen und türkischen Gefängnissen freigepressten Gesinnungsgenossen mehrere Stunden in Anspruch nimmt.

Auf dieser Aufnahme der D-ABCE, die in der ersten Hälfte des Jahres 1970 noch vor ihrer Taufe auf den Namen »Landshut« entstand, sind die Kontouren des 737-230QC Frachttors (gleich hinter dem vorderen Einstieg) auf dem Hauptdeck zu erkennen. (Lufthansa)

Der Irrflug

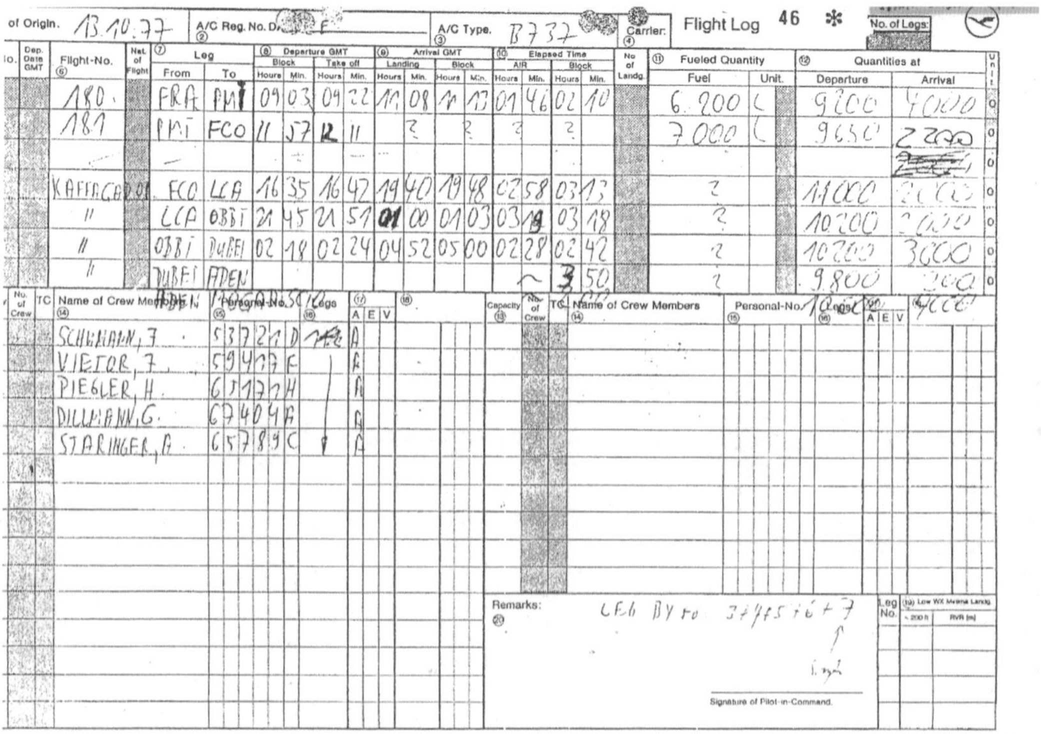

of Origin. 13.10.77 — A/C Reg. No. D-ABCE — A/C Type. B737 — Carrier — Flight Log 46

Flight-No.	From	To	Departure GMT Block	Take off	Arrival GMT Landing	Block	Elapsed Time Air	Block	Fuel	Unit	Departure	Arrival
180	FRA	PMI	09 03	09 22	11 08	11 13	01 46	02 10	6200	L	9200	4000
181	PMI	FCO	11 57	12 11	?	?	?	?	7000	L	9650	2200
KAFFRCADOM	FCO	LCA	16 35	16 42	19 40	19 48	02 58	03 13	?		11000	2000
"	LCA	OBBI	21 45	21 57	01 00	01 03	03 [illegible]	03 18	?		10200	2000
"	OBBI	DUBEI	02 18	02 24	04 52	05 00	02 28	02 42	?		10200	3000
"	DUBEI	ADEN					~3	50	?		9800	200
	ADEN	MOGADISCIO										4000

Name of Crew Members	Personal-No.	
SCHUMANN, J.	53721	D
VIETOR, J.	59417	F
PIEGLER, H.	61177	H
DILLMANN, G.	67404	A
STARINGER, A.	65789	C

Remarks: [illegible]

Signature of Pilot-in-Command

Der abgebildete Auszug aus dem offiziellen Logbuch der D-ABCE beginnt mit Flug LH 180 am 13. Oktober 1977 von Frankfurt nach Palma de Mallorca und endet vier Tage später mit dem finalen Ziel Mogadischu. Anfangs trug der entführte Lufthansa-Flug noch das offizielle Rufzeichen LH 181, doch befahl Zohair Youssif Akache dieses ab Rom in »Martyr Halimeh Unit, Kofre Kaddum operation of the struggle against world imperialism organisation« zu ändern. (Jürgen Vietor)

- In der dadurch gewonnenen Zeit bereitet sich die GSG 9 auf den Zugriff vor.
- In Erwartung eines für sie guten Ausgangs der »Landshut«-Entführung entfernen die Terroristen die Zündkabel der über den Türen angebrachten Sprengstoffladungen.

18. Oktober

- 00:05 Ortszeit. Zugriff der deutschen Spezialeinheit GSG 9 und Befreiung aller Geiseln. Drei der vier Terroristen verlieren dabei ihr Leben.

(Die Zeitangaben in GMT entstammen dem offiziellen Logbuch der D-ABCE)

Zum Zeitpunkt der »Landshut«-Entführung entsprachen die Passagierkontrollen noch bei weitem nicht dem heutigen Standard. So konnten die Entführer die Sicherheitsschleuse in Palma de Mallorca mit ihren an den Körpern sowie in einem umgebauten Radio versteckten Waffen und Sprengstoff ungehindert passieren. Sie wurden durchgelassen, da sie bewusst zu spät zur Sicherheitskontrolle kamen und bei einer intensiven Durchsuchung der Flug LH 181 verspätet gestartet wäre. (Dr. John Provan)

2.3 »Jetzt hat es mich erwischt«

»Landshut«-Copilot Jürgen Vietor über fünf Tage in der Hand von Terroristen

Herr Vietor, wie sind Sie zur Fliegerei gekommen?

Das erste Mal bin ich während meiner Zeit bei der Bundeswehr geflogen. Zunächst absolvierte ich nach meiner Mittleren Reife eine Lehre zum Elektromechaniker, bevor ich mich als Freiwilliger bei der Bundeswehr für zunächst vier Jahre verpflichtete. Der Grund war ganz simpel: ich bekam im Vergleich zu einem Wehrpflichtigen einen vielfach höheren Sold. Das Amateurfunken war mein Hobby und dieses Talent erkannte man an der Fernmeldeschule in Flensburg, wo ich den Vorschlag bekam, eine Offizierslaufbahn einzuschlagen. Ich hatte keine Ahnung, dass dies mit Mittlerer Reife, in Kombination mit einer Ausbildung möglich war, denn dies waren die Zeiten vor der Erfindung des Internets mit seinen fast unbegrenzten Möglichkeiten, sich zu informieren! Nachdem ich die Eignungsprüfung zum Offizier bestanden hatte, ging ich zur Marine, fuhr mit dem Segelschiff »Gorch Fock« und war auch mit dabei, als das Schulschiff »Deutschland« als erstes Schiff der deutschen Marine nach dem Zweiten Weltkrieg eine Weltumrundung machte. Ein halbes Jahr waren wir unterwegs! Eines Tages luden die Marineflieger Offiziersschüler, und so auch mich, zum Besuch des Marinefliegergeschwaders (MFG) 1 in Jagel bei Schleswig ein. Da bin ich das erste Mal in meinem Leben geflogen! Diese 15 Minuten über Eckernförde an Bord einer Dornier Do 27 hatten mich so fasziniert, dass ich noch am gleichen Abend ein Gesuch für die Marineflieger gestellt habe. So kam ich 1967 zum MFG 3 »Graf Zeppelin« in Nordholz bei Cuxhaven und flog als Kapitänleutnant den U-Boot Aufklärer Breguet »Atlantic«. 1974 habe ich dann ohne Wissen meiner Vorgesetzten die Aufnahmeprüfung bei der Lufthansa-Pilotenschule in Bremen bestanden und konnte direkt zur Lufthansa wechseln als meine zehnjährige Dienstzeit regulär auslief. Vom ersten Einsatztag als Verkehrspilot, bis zu meinem Ruhestand im Jahr 1999 bin ich 25 Jahre der Boeing 737 treu geblieben.

Kannten Sie bereits vor dem 13. Oktober 1977 Flugkapitän Jürgen Schumann und sind mit ihm geflogen?

Nein, wir kamen beide aus dem Standby und wurden kurzfristig für LH 180 von Frankfurt nach Palma und den Rückflug LH 181 eingeteilt. Er war ein relativ junger

Kapitän und wir hatten damals ungefähr 500 Kapitäne und 500 Copiloten auf der 737. Da war die Chance sehr gering, dass man zuvor miteinander geflogen war.

Wie verlief der Flug LH 180 von Frankfurt nach Palma de Mallorca an jenem Tag?

Das war ein ganz normaler Flug, ohne besondere Vorkommnisse.

Waren Sie mental auf eine mögliche Entführung vorbereitet?

Die Lufthansa hatte einen Lehrfilm produziert, den sich jeder angehende Copilot und jeder Kapitän im Rahmen seiner Ausbildung anschauen musste. Daher wusste ich zumindest in der Theorie, wie man sich im Falle einer Entführung verhalten sollte.
In der Version des Jahres 1974 war das Thema »herausschmuggeln von Nachrichten« noch nicht enthalten, das ja bei der Entführung der »Landshut« eine große Bedeutung, wenn auch mit tragischen Konsequenzen für Jürgen Schumann hatte. Erst Jahre später, als ich meinen Kapitänslehrgang machte, war auch dies Teil des Lehrfilms.

Was ging in Ihnen vor als der Anführer ins Cockpit stürmte?

Mein erster Gedanke war: »Jetzt hat es mich erwischt!« Das war in jenem Moment als der Anführer Zohair Youssif Akache, der sich selbst als »Kapitän Märtyrer Mahmud« bezeichnete, die Cockpit-Tür aufriss, Jürgen Schumann die Pistole an den Kopf hielt, mir in die Seite trat und mich aufforderte, sofort das Cockpit zu verlassen. Mit erhobenen Händen musste ich zusammen mit den Passagieren der ersten Klasse und den in der ersten Reihe der Economy Class sitzenden Gästen nach hinten laufen. Wir mussten uns dann bis kurz vor der Landung in Rom mit erhobenen Händen vor die hintere Toilette stellen. Erst später durfte ich nach vorne zurückkehren. Die Entführer wollten einen möglichst großen Abstand zwischen Cockpit und Passagieren haben, um deren mögliches Eingreifen zu verhindern. Als ich nach hinten lief habe ich, wie im Lehrfilm gelernt, den Passagieren zugeraunt: »macht alles, was die wollen!«

Wo befand sich Flug LH 181 zu jenem Zeitpunkt?

Wir hatten gerade die französische Küste erreicht und befanden uns direkt über der Hafenstadt Toulon. Das weiß ich so genau, da ich im Moment der Entführung gerade

Lufthansa Flug LH 181

Eine ganz typische Flughafenszene zu zweiten Hälfte der 1970er-Jahre. Boeing 737 und 727 bestimmten das Bild auf deutschen und europäischen Flughäfen. Mit diesen Kurz- und Mittelstreckenmustern brach sich der Massentourismus zu Zielen rund ums Mittelmeer endgültig Bahn. (Dr. John Provan)

nach unten auf das Hafenbecken von Toulon schaute und mich an eine Hafenrundfahrt ein paar Jahre zuvor erinnerte.
Plötzlich hörte ich den Lärm aus der Kabine und dachte zunächst, dass eine der Stewardessen mit einem Servicewagen gegen die Cockpit-Rückwand gefahren war. Leider war es Mahmud, der in jenem Moment das Cockpit stürmte.

Wann wurde Ihnen klar, dass diese Entführer vor keiner Grausamkeit gegenüber den Geiseln zurückschrecken und auch zum Äußersten bereit sind?

Erst sehr viel später. Die primäre Absicht der Entführer war es anfangs, die Kontrolle über das Flugzeug zu erlangen und ihre Forderungen durchzusetzen. So flogen wir zunächst nach Rom, dann nach Zypern. Die Grausamkeiten wurden während unseres zweitägigen Aufenthalts in Dubai richtig schlimm und fanden mit der Ermordung Schumanns in Aden ihren Höhepunkt.

Diana Müll berichtet über die Lust der Entführer, vor allem Frau Andrawes, die jüngeren weiblichen Geiseln zu quälen. Was bekamen Sie vorne im Cockpit von den Ereignissen in der Kabine mit?

Nicht so sehr viel. Jürgen Schumann und ich waren in die Flugzeugführung eingespannt und konnten uns auf die Kabinenbesatzung verlassen, die mit der Situation ganz bravourös umging.
Ich bin auch nicht so gerne durch die Kabine gegangen, da ich dann dieses Elend der Menschen gesehen habe. Das war sehr ergreifend. Daher habe ich mich mehr oder weniger in das Cockpit »geflüchtet« – aber dort gab es ja auch genug zu tun.

Hatten Sie selbst eine Chance, auf die Entführer positiv einzuwirken – wenn sie auch noch so klein gewesen sein mag?

Im Prinzip ja, wenn man ihren Anweisungen folgte. Das war auch der Tenor des Lufthansa-Lehrfilms über Flugzeugentführungen. Nicht opponieren! Aber auch nicht sympathisieren! Am besten war es, wenn man sich neutral verhielt.

Haben Sie versteckte Nachrichten herausgeschmuggelt?

Ich nicht, aber Jürgen Schumann schon – und das gleich bei zwei Gelegenheiten.

Die erste Begebenheit hatte ich gar nicht mitbekommen, da ich nach dem Start in Rom nur den Flugfunk auf meinen Kopfhörern aufgeschaltet hatte und Schumann die Erlaubnis von Mahmud erhielt, das Streckenwetter von einer entgegenkommenden Lufthansa Boeing 727 abzufragen. Hier muss ich anmerken: Alles, was Mahmud logisch erschien, da es ihm unter Umständen Vorteile einbrachte, hat er auch akzeptiert. Was sich bei der Übermittlung des Wetters zugetragen haben soll, erfuhr ich erst vor ein paar Jahren während des ersten und einzigen Treffens jener Lufthanseaten, die mit der Entführung der »Landshut« in irgendeiner Weise einen beruflichen Berührungspunkt hatten. Nachdem die andere Maschine das Wetter auf Deutsch an Schumann übermittelt hatte, las dieser anscheinend die Meldung wörtlich zurück. Das war nicht Standard des Funksprechverkehrs, bei dem eigentlich nur navigatorische Anweisungen der Flugsicherung wiederholt werden, um Missverständnissen vorzubeugen. Während er die Wettermeldung mit Windgeschwindigkeit und Windrichtung wiederholte, soll Schumann Informationen über die Anzahl und Bewaffnung der Terroristen in die Nachricht eingeflochten haben, was Mahmud nicht aufgefallen war.
Die zweite Gelegenheit nutzte Schumann in Dubai. Zunächst war Mahmud, der sogar am britischen Chelsea College of Aeronautical Engineering in London Flugzeugtechnik studiert hatte, ständig im Cockpit zugegen. Um mitzubekommen, über was wir reden, verlangte er von Schumann und mir, dass wir ausschließlich Englisch miteinander sprechen. Doch nach einer Weile fasste er etwas Vertrauen und verließ gelegentlich das Cockpit. So konnte mich Schumann beim Stopp in Dubai auf Deutsch fragen, ob er Nachrichten rausschmuggeln sollte. »Würde ich nicht machen, die PLO hat überall ihre Leute«, sagte ich ihm. Jürgen Schumann ließ sich jedoch nicht von seiner Idee abbringen, nahm drei Zigarren, die sich für First Class-Passagiere an Bord befanden, brach eine davon in der Mitte durch und schnürte das Bündel zusammen. Dann warf er es in die Abfallbox, die kurz darauf in Dubai geleert wurde. Die Nachricht – je eine ganze Zigarre für einen männlichen Entführer, und je eine halbe Zigarre für eine Frau – wurde von den Sicherheitsbehörden des Emirats verstanden. Doch es dauerte nicht lange, bis diese Geschichte in arabischen Radiosendungen die Runde machte. Da die Entführer ständig Nachrichten über ihr Transistorradio hörten, wussten sie schnell Bescheid. Unvermittelt zerrte mich Mahmud wutentbrannt ins Cockpit und hielt mir die Pistole mit der Frage an die Schläfe: »hast Du Nachrichten rausgeschmuggelt?« Ich konnte dies guten Gewissens mit »Nein« beantworten, doch Jürgen Schumann antwortete wahrheitsgemäß mit »Ja!«
Begleitet von Hasstiraden und dem Ausspruch: »Ein deutscher Offizier hat mich betrogen« ließ Mahmoud Jürgen Schumann im Kabinengang paradieren und Kehrt-

wendungen eines Soldaten vollführen. Das war eine furchtbare Situation! Für die Erkenntnisse der GSG 9 war es sicherlich hilfreich, doch für Jürgen Schumann der erste Schritt zu seinem Todesurteil.

In Dubai spielte sich noch eine andere, bemerkenswerte Szene rund um die Stromversorgung des Flugzeugs ab. Können Sie dies beschreiben?

In Dubai war uns in der zweiten Nacht am Boden der Treibstoff ausgegangen, was zu einem baldigen Stromausfall an Bord führte. Kurze Zeit später war auch die Notbatterie zum Betrieb einzelner Cockpit-Systeme geleert, da Mahmud permanent mit dem Tower per Funk in Kontakt stand und mit seiner Plauderei auch die letzte Stromreserve aufgebraucht hatte. Inmitten der Nacht drohte die Situation an Bord zu eskalieren, denn mit dem Ausfall des im Heck eingebauten Hilfstriebwerks (APU), das unter anderem für den Strom an Bord sorgt, wenn die Triebwerke nicht laufen, hatten

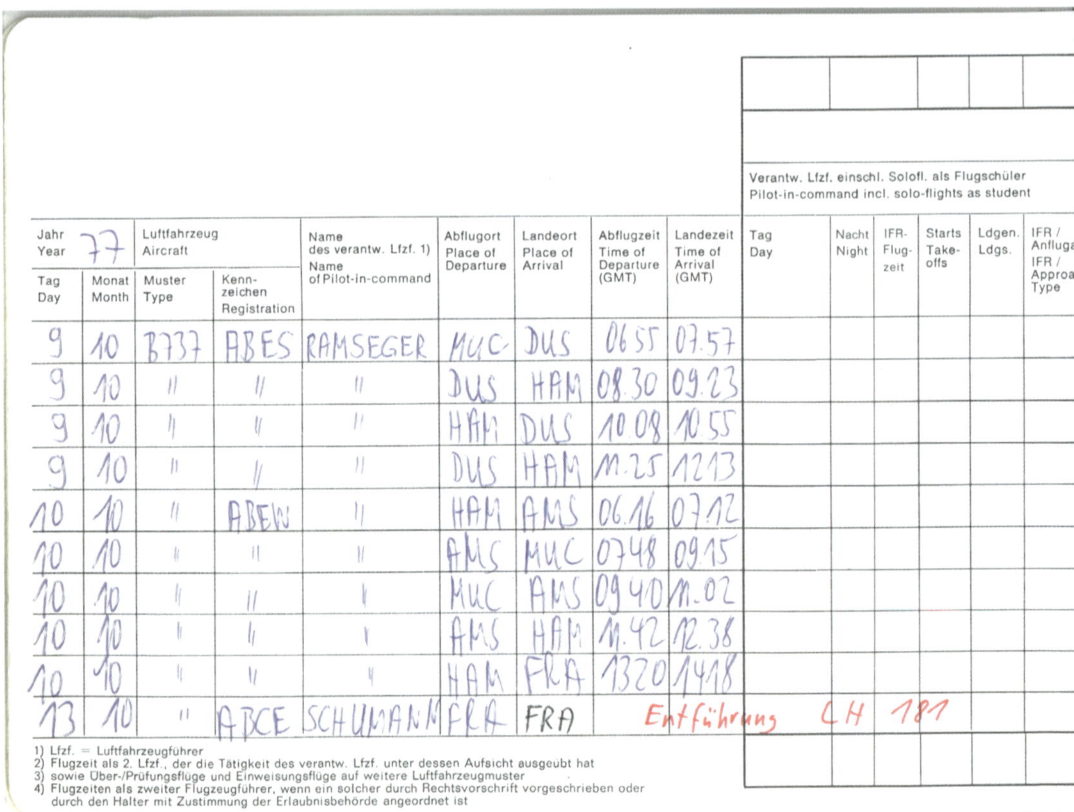

Verantw. Lfzf. einschl. Solofl. als Flugschüler / Pilot-in-command incl. solo-flights as student

Jahr / Year 77		Luftfahrzeug / Aircraft		Name des verantw. Lfzf. 1) / Name of Pilot-in-command	Abflugort / Place of Departure	Landeort / Place of Arrival	Abflugzeit / Time of Departure (GMT)	Landezeit / Time of Arrival (GMT)	Tag / Day	Nacht / Night	IFR-Flug-zeit	Starts / Take-offs	Ldgen. / Ldgs.	IFR / Anflugar[t] / IFR / Approac[h] Type
Tag / Day	Monat / Month	Muster / Type	Kennzeichen / Registration											
9	10	B737	ABES	RAMSEGER	MUC	DUS	06.55	07.57						
9	10	″	″	″	DUS	HAM	08.30	09.23						
9	10	″	″	″	HAM	DUS	10.08	10.55						
9	10	″	″	″	DUS	HAM	11.25	12.13						
10	10	″	ABEW	″	HAM	AMS	06.16	07.12						
10	10	″	″	″	AMS	MUC	07.48	09.15						
10	10	″	″	″	MUC	AMS	09.40	11.02						
10	10	″	″	″	AMS	HAM	11.42	12.38						
10	10	″	″	″	HAM	FRA	13.20	14.18						
13	10	″	ABCE	SCHUMANN	FRA	FRA	Entführung LH 181							

1) Lfzf. = Luftfahrzeugführer
2) Flugzeit als 2. Lfzf., der die Tätigkeit des verantw. Lfzf. unter dessen Aufsicht ausgeübt hat
3) sowie Über-/Prüfungsflüge und Einweisungsflüge auf weitere Luftfahrzeugmuster
4) Flugzeiten als zweiter Flugzeugführer, wenn ein solcher durch Rechtsvorschrift vorgeschrieben oder durch den Halter mit Zustimmung der Erlaubnisbehörde angeordnet ist

Diese Seite des persönlichen Flugbuchs von Jürgen Vietor beginnt am 9. Oktober und endet mit der Entführung von Flug LH 181 am 13. Oktober 1977. (Jürgen Vietor / Dornier Museum)

wir auch keine funktionierende Klimaanlage mehr. Schnell stiegen die Temperaturen in der Kabine auf ein unerträgliches Maß und die Entführer ordneten an, die Passagiertüren zu öffnen, damit wenigstens ein bisschen kühlende Luft in das Innere gelangen konnte und niemand an Bord kollabiert. Doch nun, nachdem auch die letzten Lichter ausgegangen waren und kein Funkkontakt mehr bestand, schlug ich Mahmud vor, Richtung Tower mit der Bordtaschenlampe Lichtsignale zu morsen, dass wir dringend ein externes Bodenstromgerät benötigen, um die Systeme wieder in Gang zu bekommen. Dies blieb jedoch zunächst ohne Reaktion. Doch dann, nach ungefähr einer Stunde, näherte sich aus dem Dunkeln eine von zwei Männern gefahrene GPU bis auf rund 100 Meter von vorne dem Flugzeug. Sie riefen uns mit einem deutschen Akzent auf Englisch zu: »Hier ist eine GPU«. Schumann gab Mahmud zu verstehen, dass es sich hierbei offensichtlich um Deutsche handelt, die uns helfen wollen, doch rannte dieser unvermittelt zur geöffneten vorderen Kabinentür und gab einen nach vorne gerichteten Schuss in die stockfinstere Nacht ab. Daraufhin ergriffen die bei-

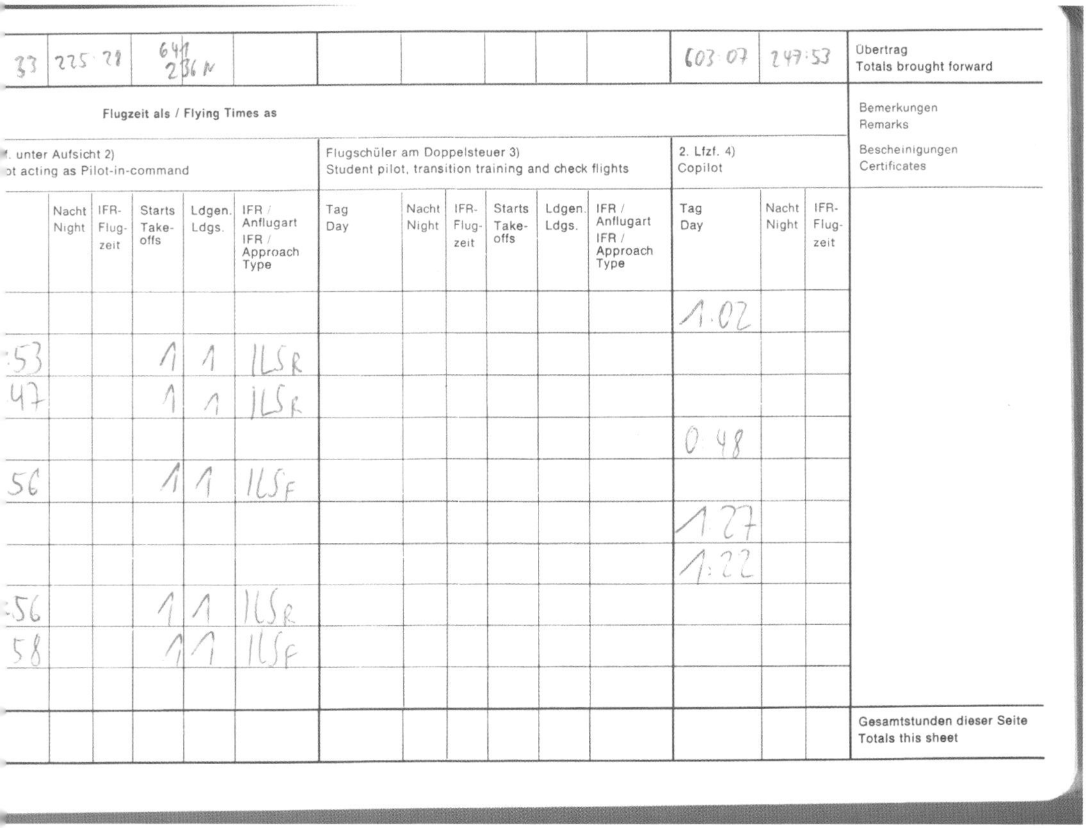

	Nacht Night	IFR-Flugzeit	Starts Take-offs	Ldgen. Ldgs.	IFR / Anflugart IFR / Approach Type	Tag Day	Nacht Night	IFR-Flugzeit	Starts Take-offs	Ldgen. Ldgs.	IFR / Anflugart IFR / Approach Type	Tag Day	Nacht Night	IFR-Flugzeit	Bemerkungen Remarks / Bescheinigungen Certificates
33	225:28		641 236 N									603:07	247:53		Übertrag Totals brought forward
												1:02			
:53			1	1	ILS R										
47			1	1	ILS R										
												0 48			
56			1	1	ILS F										
												1:27			
												1:22			
:56			1	1	ILS R										
58			1	1	ILS F										
															Gesamtstunden dieser Seite Totals this sheet

Flugzeit als / Flying Times as — …. unter Aufsicht 2) …ot acting as Pilot-in-command; Flugschüler am Doppelsteuer 3) Student pilot, transition training and check flights; 2. Lfzf. 4) Copilot

den Helfer mit den Worten: »Bedient euch, bedient euch« die Flucht und verschwanden im Dunkeln der arabischen Nacht. Wie ich später erfuhr, handelte es sich dabei um keine Geringeren als den damaligen Chefpiloten der Lufthansa, Martin Gaebel und den Boeing 737-Flottenchef Peter H. Heldt, die für uns ihr Leben riskierten. Mahmud ordnete nun an, dass ich mich an einer Wolldecke zum Boden herunter lasse, die GPU an das Flugzeug fahre und mit dem bordeigenen Stromnetz verbinde. Doch was immer wir versuchten – es wollte nicht gelingen. So wurde ich an besagter Wolldecke wieder an Bord gezogen. Keine zehn Minuten später hielt ein Technikfahrzeug unter der Kabinentür und ich kletterte über dessen Dach und Kühlerhaube erneut auf das Vorfeld hinab. Mit Unterstützung eines Technikers gelang es mir, eine neue, bereits geladene Batterie an Bord einzubauen, bevor ich auf dem gleichen Weg, auf dem ich gekommen war, wieder in die Kabine zurückkehrte. Nun hatte die Batterie die nötige Grundspannung um den von der GPU gelieferten Strom zu speichern – und wir wieder eine Stromversorgung. Jetzt konnte nicht nur Mahmud wieder seine schier endlosen Dialoge mit dem Tower führen, sondern es strömte auch wieder Luft aus den Frischluftdüsen über den Passagiersitzen – wenn auch nicht durch die Klimaanlage gekühlt.

Die Passagiere hatten das Gefühl, von aller Welt alleine gelassen zu sein und schlossen bereits mit ihrem Leben ab. Hatten Sie eine Ahnung oder Andeutungen über Funk, dass sich hinter den Kulissen etwas tut und eine Befreiung bevorstehen könnte?

Nein! Wir waren völlig isoliert und dachten, dass die ganze Welt keine Ahnung hat was mit uns passiert. Das klingt vielleicht albern, aber wenn man in so einer Blechröhre sitzt, und man keine Informationen hat, denkt man, dass sich niemand um einen kümmert.

Wussten Sie von der GSG 9 und der Möglichkeit ihres Eingreifens?

Ich hatte bestimmt einmal von ihrer Existenz gelesen, verfügte jedoch über keine näheren Informationen. Im Zusammenhang mit unserer Entführung hatte ich überhaupt nicht an eine Befreiung durch die GSG 9 gedacht.

Diese Aufnahme aus Dubai zeigt das vor dem entführten Flugzeug stehende und vom damaligen Chefpiloten der Lufthansa, Martin Gaebel, sowie dem Boeing 737-Flottenchef Peter H. Heldt unter Einsatz ihres Lebens an die »Landshut« herangefahrene Bodenstromaggregat. (picture-alliance / dpa / nordisk)

Schwer bewaffnete Soldaten observieren die entführte Lufthansa-Maschine auf dem Flughafen von Dubai. Die Aufnahme entstand am 15. Oktober 1977 – wenige Stunden nach Ankunft aus Bahrain. (picture alliance / AP / Harry Koundakjian)

»Jetzt hat es mich erwischt«

Wie hält man sich in so einer Ausnahmesituation mental soweit fit, dass man in der Lage ist, weiterhin einen Jet zu fliegen?

Das fällt unter den Oberbegriff der Resilienz – die psychische Widerstandskraft. Sie kann man nicht lernen oder üben. Man hat sie, oder nicht. Deswegen ist man auch kein schlechterer oder besserer Mensch. Ich habe Glück, dass ich über diese Gabe verfüge. Ich konnte auch nach der Entführung meinem Beruf nachgehen. Alle drei an Bord der »Landshut« eingesetzten Kolleginnen in der Kabine flogen als Konsequenz aus dem Erlebten nicht weiter. Ich hatte einfach Glück!

Kam Ihnen während ihrer Entführung Ihre militärische Ausbildung zu Gute?

Ich glaube schon. Es war gut, dass sowohl Schumann, als ehemaliger »Starfighter«-Kampfpilot, als auch ich als Pilot eines U-Bootjagdflugzeugs Militärpiloten waren. Doch wenn an unserer Stelle jüngere Piloten mit ausschließlich ziviler Erfahrung gesessen hätten, so bin ich mir sicher, dass auch sie die Situation gemeistert hätten. Denn es zeigt sich immer wieder: Menschen wachsen an ihren Aufgaben!
Daher würde ich mir nie anmaßen zu behaupten, dass nur Schumann und ich in der Lage dazu waren.

Gab es einen Punkt, an dem Sie persönlich mit ihrem Leben abgeschlossen hatten? Oder hatten Sie stets einen Funken Hoffnung auf einen guten Ausgang?

Todesangst hatte ich in Dubai, als Mahmud die von meiner Frau erst kurz zuvor geschenkte Armbanduhr erblickte und laut schrie: »Da ist ein Judenstern drauf.« Das Firmenlogo der Firma Junghans ist ein stilisiertes Zahnrad mit einem »J« in der Mitte. Bei Armbanduhren hat man dies aus Platzgründen weiter auf einen sechszackigen Stern mit dem eingeschlossenen »J« reduziert, was auf den ersten Blick tatsächlich wie ein Davidstern aussieht. Mahmud nahm mir die Uhr ab und rannte damit durch die Kabine, zeigte sie jedem Passagier mit den Worten, dass der Copilot eine jüdische Uhr trägt. Ich sollte nun dafür erschossen werden und musste mich in die Mitte der Kabine stellen. Mahmud zielte bereits mit seiner Pistole auf mich, als ich ihm nochmals mit voller Überzeugung versuchte, klar zu machen, dass dies kein jüdisches, sondern ein deutsches Uhrenfabrikat ist. Da ich so standhaft blieb, kamen ihm wohl doch erste Zweifel, denn er nahm die Waffe wieder herunter und wies mich an, die Uhr auf dem Kabinenboden durch Tritte zu stören. Das war jedoch gar nicht so ein-

Flugkapitän Schumann gelang es, in Abfallsäcken versteckte Nachrichten über die Anzahl und das Geschlecht der Entführer in Dubai von Bord zu schmuggeln. Diese Aufnahme zeigt den Moment, in dem jene Müllsäcke an Flughafenmitarbeiter übergeben werden. (picture alliance / AP Images / Uncredited)

fach, da der Teppich des Kabinenbodens nachgab und die Uhr einfach nicht kaputt gehen wollte. Irgendwann dauerte es Mahmud zu lange. Er legte die Uhr auf eine Armlehne, holte die im Cockpit vorhandene Notaxt und zerstörte sie mit wenigen Hieben. Den kläglichen Rest mit dem Armband und äußeren Ring der Uhr überreichte er mir mit den Worten: »So, als Andenken kannst Du das haben.«
Ich hatte Todesangst und glaubte, dass er mich erschießen würde. Wenn man ihnen den Tod androht, und eine Waffe an den Kopf hält, würden sie alles machen, um zu überleben... alles!

Welches Kartenmaterial zur Navigation hatten Sie dabei? Es war ja ein planmäßiger Flug von Mallorca nach Frankfurt – und nicht in den Nahen Osten!

Wir hatten tatsächlich Karten des Nahen Ostens dabei, da die Boeing 737 im Liniendienst der Lufthansa bis nach Kairo flog. So verfügten wir über eine Karte, die Kairo am obersten linken Rand und Mogadischu nur einen Millimeter über dem unteren Kartenrand abbildete! Aus diesem Grund war die Navigation nach Mogadischu kein großes Problem.

JEDDAH FIR
ADDIS ABABA FIR
KHARTOUM FIR
OUTSIDE ATS-ROUTES PROHIBITED
JEDDAH FIR
ADEN FIR
BAHRAIN FIR/UIR
ADEN FIR
MOGADISCIO FIR
ADDIS ABABA FIR
ADEN FIR
MOGADISCIO FIR
CRUISING LEVELS
BOMBAY FIR
5

Dies ist die von Flugkapitän Jürgen Schumann und dem Ersten Offizier Jürgen Vietor im Verlauf der Entführung genutzte Navigationskarte. Sie reicht durch puren Zufall exakt bis nach Mogadischu, das sich nur wenige Millimeter über dem unteren Kartenrand befindet. (Jürgen Vietor / Dornier Museum)

Als Erinnerung an dieses einschneidende Erlebnis erwarb »Landshut«-Copilot Jürgen Vietor einen der beiden während des Schusswechsels in Mogadischu durch Kugeln beschädigten künstlichen Horizonte aus dem Cockpit der D-ABCE. Siehe Projektildelle am unteren rechten Rand. (Jürgen Vietor / Dornier Museum)

Da Mahmoud immer erst nach dem Start verkündete, wohin der nächste Abschnitt der Entführung gehen soll, war ich nach dem Abheben in Aden zunächst verblüfft, dass er Mogadischu als Ziel nannte. Von 100 Personen wussten damals garantiert 99 nicht, wo dies liegt. Und ich war einer davon!

Sie haben die »Landshut« ohne behördliche Genehmigung und ohne die Flugsicherung zu kontaktieren von Aden nach Mogadischu geflogen. Warum?

Als wir in Aden gestartet waren, flogen wir zunächst Richtung Dschibuti und dann weiter nach Mogadischu. Ich schlug vor, um die Regierung Somalias nicht zur Sperrung des Flugplatzes zu veranlassen, das Ziel ohne weitere Kontaktaufnahme anzusteuern. Mahmud fand das gut, denn es machte für ihn Sinn. Wir hatten ja erst in Aden erlebt, wo die Landebahn blockiert war und wir daneben, mit viel Glück im Wüstensand und tiefen Löchern aufsetzten, dass eine Außenlandung womöglich zur Katastrophe führen kann. So flogen wir in einer normalerweise nicht vom zivilen Luftverkehr genutzten Flughöhe und hätten bei entgegenkommenden Jets noch genügend Sicherheitsabstand gehabt. Aber zu jener Zeit gab es nachts in Ostafrika sowieso so gut wie keinen Flugverkehr. Morgens trafen wir dann in Mogadischu ein, rollten aus und stellten die Triebwerke ab. Da kam ein junger Somali zum Flugzeug gelaufen und fragte: »können wir helfen?« Daraufhin antwortete ich: »ja wir brauchen die Tower-Funkfrequenz«. Da rannte wieder los und kehrte kurz darauf mit der gewünschten Info auf einem Zettel zurück. So konnte Mahmud wieder über Funk seine Forderungen stellen und war glücklich. Diese skurrile Szene werde ich nie vergessen!

Können Sie sich noch an dem Moment erinnern, in dem die GSG 9 das Flugzeug stürmte?

Ja sicher, hundertprozentig! Das war einfach wunderbar.

Was für ein Gefühl hat man in so einem Moment? Kann man sich sofort über den glücklichen Ausgang freuen oder ist das Trauma so groß, dass eine Freude erst viel später einsetzt?

Natürlich freute ich mich, überlebt zu haben und deutsche Stimmen unserer Befreier zu hören. Doch die wirkliche Entspannung kam erst viel später.

Sie flogen sechs Wochen später schon wieder im Liniendienst. Und das mit der »Landshut«! War dies ein Teil Ihrer ganz persönlichen Verarbeitung?

Ich wusste, wenn sich einer der zahlreichen »Starfighter«-Abstürze der 70er-Jahre bei den Marinefliegern ereignete, lautete die Devise nicht weniger, sondern noch mehr zu fliegen! Ganz nach dem Motto: Trauer ist gut, bringt einen jedoch nicht weiter.
Als mein 737-Flottenchef der Lufthansa, Peter Heldt, mich kurz nach der glücklichen Rückkehr nach Deutschland fragte, ob ich noch fliegen könne, antwortete ich ihm zu-

Die D-ABCE »Landshut« auf dem Weg zur Startbahn des Frankfurter Flughafens. (Lufthansa)

Jürgen Vietor flog auch nach der Entführung nicht nur 42 Mal die »Landshut« (oben) sondern auch weitere Maschinen der Modellreihen 737-230, -330 und -530. (Lufthansa)

XA
Lufthansa
D-ABXA
Boeing 737-300

IH
Lufthansa
D-ABIH

nächst: »Ich weiß es nicht.« Daraufhin legte er väterlich seine Hand auf meine Brust und erwiderte nur ein Wort: »Fliegen!«
Schon im November, keine vier Wochen nach der Entführung bin ich einem Ausbildungs- und Check-Kapitän zugeteilt worden, mit dem ich fünf Tage flog. Als dies alles ganz problemlos ging, meinte Heldt: »Herr Vietor, wenn Sie dies möchten können Sie weiterfliegen.« Nach einem kurzen Sonderurlaub bin ich das erste Mal am 29. Dezember 1977 wieder als Copilot im Liniendienst geflogen – mit der »Landshut«. Ich bin überzeugt, dass dies der letzte Check für mich war, denn so einen Zufall gibt es nicht. Ohne zu wissen, um welche Maschine es sich handelt, bin ich zusammen mit meinem Kapitän zunächst nach Hannover gereist, um dort eine 737 für die Linie nach London zu übernehmen – und dort stand sie dann. Ich bin überzeugt, dass ein anderer Copilot auf Standby war, falls ich diese »Prüfung« nicht bestanden hätte. Ich habe jedoch nie danach gefragt.

Wurde Ihnen psychologische Unterstützung seitens der Lufthansa angeboten – und mussten Sie diese in Anspruch nehmen?

Unterstützung wurde angeboten, aber ich habe mich nicht darum gekümmert und bin einfach geflogen. Es hört sich komisch an, aber ich habe einfach so getan, als hätte es die Entführung nicht gegeben. Das war meine Strategie und sie hat sich wohl bewährt.

Wie hat Ihre Familie reagiert?

Es gab eine halbe Stunde, in der meine Eltern und meine Frau dachten, ich sei tot! Als der Leichnam von Jürgen Schumann in Mogadischu über die Notrutsche aus der Maschine heruntergelassen wurde, verwechselte man uns. So erhielten meine Eltern von der persönlichen Betreuerin der Lufthansa die Nachricht, dass ihr Sohn verstorben sei.
Erst nach einer gefühlten Ewigkeit fand man bei Jürgen Schumann ein persönliches Notizbuch mit Adressen von Familie und Freunden – und so kam die Verwechslung zu Tage. Das war natürlich für meine Angehörigen ein Wechselbad der Gefühle. Erst der Schock nach der Todesnachricht – gefolgt von einer vorläufigen Erleichterung, denn die Entführung dauerte ja zu jenem Zeitpunkt noch an.

Damalige Geiseln berichten, dass sie sich von Lufthansa und dem Staat nach der Entführung alleine gelassen fühlen. Erhielten Sie eine Entschädigung für das Erlittene oder wurde dies als »Berufsrisiko« seitens des Arbeitgebers in Kauf genommen?

Lufthansa möchte generell am liebsten nichts mit Entführungen zu tun haben. Daher könnte man sagen, dass es unter dem Stichwort »Berufsrisiko« abgehakt wurde.
Es gibt dazu eine kleine Episode. Kurz nach der Entführung fand ich meine monatliche Gehaltsmitteilung in meinem persönlichen Postfach auf der Lufthansa-Basis vor. Ich konnte es zuerst nicht glauben, was ich sah, denn der ausgewiesene Betrag entsprach nicht dem Gehalt eines Copiloten, sondern jenem eines Kapitäns! Erst nach genauerem Studium der Abrechnung fand ich des Rätsels Lösung: Mir wurden 104 Überstunden der fünftägigen »Landshut«-Entführung gutgeschrieben.

Was war ihr erster Gedanke, als sie von den Plänen hörten die »Landshut« zurück nach Deutschland zu bringen?

Ich war sofort Feuer und Flamme und versuche mit meinen begrenzten Möglichkeiten, dieses zu unterstützen. Ich war sogar zweimal selbst im brasilianischen Fortaleza, bevor sie dort demontiert und nach Friedrichshafen verbracht wurde.

War die erneute Begegnung mit der »Landshut« ein emotionaler Moment für Sie – oder eher ein zeitgeschichtliches Ereignis?

Ich bin die »Landshut« nach der Entführung noch insgesamt 42 Mal geflogen. Beginnend mit jenem geschilderten Flug am 29. Dezember 1977 von Hannover nach London, bis zu ihrem Verkauf im September 1985. So war es daher für mich nicht so emotional aufgeladen wie für andere damalige Geiseln.

Andere Geiseln sehen sich auf Grund der »Landshut«-Entführung heutzutage als ein Teil der deutschen Nachkriegsgeschichte. Fühlen Sie dies genauso?

Ja schon, aber ich weiß, was ich damals in diesen fünf Tagen geleistet habe – nicht mehr, und nicht weniger.

Als Sie erfuhren, dass der RAF-Terrorist Christian Klar am 19. Dezember 2008 aus der Haft entlassen werden würde, haben Sie wenige Wochen davor Ihr Bundesverdienstkreuz 1. Klasse aus Protest zurückgegeben, das Ihnen für Ihre Verdienste während der »Landshut«-Entführung verliehen wurde. Warum?

Christian Klar wurde im Dezember 2008 juristisch einwandfrei nach 26 Jahren Haft entlassen. Darauf hatte er rechtlichen Anspruch. Aber 26 Jahre Haft für einen neunfachen Mörder, der fünfeinhalb Mal zu lebenslanger Haft verurteilt wurde, ist für mich nicht genug.
Schließlich geht es nicht nur um die Toten, sondern auch um die bis heute trauernden Angehörigen und Freunde. Ich stehe zu meiner Meinung, dass es ein Mörder nicht verdient hat, in Freiheit zu leben!

Auch Diana Müll hat die frühzeitige Entlassung von Souhaila Andrawes in Oslo nur schwer ertragen können.

Ich war damals auch vom Oberlandesgericht Hamburg eingeladen, als Zeuge im Andrawes-Prozess auszusagen. Ich sagte zu dem Richter: »es gab im Dritten Reich richtige Bestien, die ihre Opfer als Wächterinnen in den Konzentrationslagern drangsalierten. Und genau so führte sich Frau Andrawes im Verlauf der Entführung auf. Sie handelte zutiefst unmenschlich!«

Gibt es aus Ihrer Sicht »ehemalige« Terroristen, deren Morde verjähren?

Es gibt nur Terroristen, und ich verzeihe ihnen nichts!

Seit der Rückkehr der »Landshut« nach Deutschland im Jahr 2017 sind Sie nun vermehrt mit diesem Thema befasst. Ist dies auch eine Art der Bewältigung – nunmehr 43 Jahre nach den tragischen Ereignissen?

Nein, dies ist für mich keine Bewältigung. Ich stelle mich der Sache und bin froh, dass ich dazu beitragen kann, dass die »Landshut« nicht verschrottet wird und in Friedrichshafen als Museumsobjekt in Erinnerung an den »Deutschen Herbst 1977« verbleibt.
Viele Zeitzeugen werden aus Altersgründen bald nicht mehr unter uns sein – aber die »Landshut« soll weiter an dieses dunkle Kapitel deutscher Nachkriegsgeschichte erinnern!

V.l.n.r.: GSG 9-Kommandeur Ulrich Wegener, »Landshut«-Copilot Jürgen Vietor, Sonderbeauftragter der Bundesregierung Hans-Jürgen Wischnewski, Innenminister Werner Maihofer, Bundeskanzler Helmut Schmidt sowie sitzend die bei der Befreiung verletzte Stewardess Gabi Dillmann (heute von Lutzau) während der feierlichen Verleihung des Bundesverdienstkreuzes im Kanzleramt. (picture alliance / AP)

Lufthansa setzte als Erstkundin ab 1968 den »City Jet« auf ihrem Streckennetz ein. Zunächst ausschließlich Flugzeuge der abgebildeten Version 737-130. (Lufthansa)

Lufthansa

2.4 Geisel Diana Müll – Allein gelassen!

»Landshut«-Geisel Diana Müll befand sich als 19-Jährige auf dem Weg von ein paar unbeschwerten Party-Tagen auf der Ferieninsel Mallorca in das heimische Gießen, als Flug LH 181 entführt wurde. Bei einem vorhergehenden Urlaub im Sommer des Jahres hatte sie die Misswahl in der damaligen Diskothek »Graf Zeppelin« in Palma gewonnen und war nun im Oktober 1977, zusammen mit den sieben anderen »Königinnen« aus Deutschland und den Niederlanden, von den Disko-Betreibern zu einer erneuten Reise nach Mallorca eingeladen worden. Gerade noch rechtzeitig erreichten die acht den Flughafen von Palma de Mallorca, um den Mittagsflug der Lufthansa nach Frankfurt/Main anzutreten.
Wie viele andere vor allem junge, weibliche Passagiere, so war auch Diana Müll besonders dem Sadismus der Entführerin Souhaila Andrawes ausgeliefert, die unvermittelt auf Passagiere mit ihrer Faust, ihrer stets mitgeführten Handgranate oder dem Griff ihrer Pistole einschlug. Auch das diabolische Lachen der Terroristin, als Flugkapitän Jürgen Schumann vor aller Augen hingerichtet wurde, hat sich in ihr Gedächtnis eingebrannt. Diese bis heute präsenten Erinnerungen formulierte Diana Müll im November 1996, als Andrawes vor dem Oberlandesgericht in Hamburg fast zwei Jahrzehnte nach der Entführung endlich der Prozess gemacht werden konnte. Zielfahnder des Bundeskriminalamtes hatten Andrawes in der norwegischen Hauptstadt Oslo ausfindig gemacht, wo sie mittlerweile ein bürgerliches Leben führte – und dies heute nach ihrer vorzeitigen Haftentlassung wieder tut. Während die Terroristin vor Gericht versuchte, ihre Taten zu verharmlosen, konnte unter anderem die Aussage von Diana Müll das Gegenteil belegen und jene entscheidenden Details beisteuern, die zu ihrer Verurteilung führten.

Grausame Erinnerungen

Fast 40 Jahre lang war die Boeing 737 »Landshut« für Diana Müll nichts mehr als eine Erinnerung an die dunkelsten Stunden und Tage ihres Lebens. Gerade einmal 19 Jahre war sie alt, als Flug LH 181 am 13. Oktober 1977 von Palma de Mallorca nach Frankfurt/Main ihr Leben für immer verändern sollte. Die Geschichte, das Erlebte, das am eigenen Körper und von anderen Geiseln erfahrene Leid – und nicht das Flugzeug als fünftägiger Schauplatz von Gewaltexzessen, Folter und Mord, war für die Gießenerin das Bedeutende. »Die kleine Gruppe ehemaliger Geiseln, mit der ich mich bis heute noch treffe, hängt mehr an der uns widerfahrenen Geschichte und nicht an der uns fünf Tage umgebenden Hülle«, bringt es Diana Müll auf den Punkt.

Der Lufthansa-Krisenstab zur Entführung der Boeing 737 »Landshut« tagte unter der Leitung von Vorstandsmitglied Flugkapitän Werner Utter (2.v.r.). Dass die deutsche Regierung und Lufthansa gemeinsam fieberhaft an einem glücklichen Ausgang der Entführung arbeiteten, konnten die an Bord der entführten Maschine gefangen gehaltenen Geiseln nicht ahnen und fühlten sich deshalb von aller Welt allein gelassen. (picture-alliance / dpa / UPI)

Doch dann erhielt sie 2017 den Anruf des Chefredakteurs einer großen deutschen Boulevardzeitung, der ihr in der Redaktion erstmals von den Plänen berichtete, die »Landshut« als Ort der Erinnerung an den »Deutschen Herbst« des Jahres 1977 vom brasilianischen Fortaleza nach Deutschland zurück zu holen. Sie wusste, dass die Maschine nach der Ausmusterung durch Lufthansa von einer Airline zur anderen gereicht wurde und später nur noch als Frachter flog, aber mehr auch nicht. Doch nun erhielt sie von der Zeitung das Angebot, selbst nach Fortaleza zu fliegen, um vor Ort für eine Reportage zur Verfügung zu stehen. »Da ist mir überhaupt erst wieder die Maschine selbst eingefallen, und ich machte mir erstmals Gedanken, welchen Wert das Flugzeug für mich hat. Ob die »Landshut« überhaupt für mich wichtig ist«, erläutert sie rückblickend ihre ersten Überlegungen.

Vier Jahrzehnte versuchte sich Diana Müll davor zu schützen, emotional »ins offene Messer zu laufen«, wie sie sagt. Und nun befürchtete sie genau dies bei einer erneu-

Glückliche Ankunft der befreiten Geiseln am Frankfurter Flughafen nach 104 angsterfüllten Stunden in der Hand ihrer Entführer. Äußerlich meist unversehrt, waren sie bis auf wenige Ausnahmen für ihr Leben seelisch gezeichnet. (Lufthansa)

ten Konfrontation mit jenem Ort des Schreckens: »Ich konnte es nicht einschätzen, wie meine Seele reagieren würde. Schließlich hatte ich es mühsam mit intensiver therapeutischer Unterstützung geschafft, ein einigermaßen normales Leben zu führen, in dem die grausamen Erinnerungen mich endlich nicht mehr jeden Tag quälen.« Würde die Konfrontation mit der »Landshut« nun wieder alles aufbrechen? Am Ende überwog die Neugier auf die Begegnung mit dem Flugzeug, aber auch die Vorfreude auf das Wiedersehen in Brasilien mit den ebenfalls an dieser Dokumentation teilnehmenden Jürgen Vietor und ihrer Leidensgenossin Birgit Röhl.

Sadisten hilflos ausgeliefert

Was Diana Müll an Bord der »Landshut« erdulden musste, lässt sich kaum in Worte fassen. Wer mag schon erahnen, was in einem Menschen vorgeht, der zur drohenden Erschießung beordert wird. Jeder, der dies liest, mag sich selbst vorstellen, welche Gedanken sie oder er ganz persönlich auf diesen wenigen Metern gehabt hätte, die den Sitzplatz von Diana Müll von der vorderen, linken Flugzeugtür trennten, in der sie exekutiert werden sollte. Was denkt man, wenn der Terrorist ein letztes Mal seine Forderung in das Funkgerät brüllt, den eigenen Tod ankündigt – und doch keine Antwort erhält. Wenn man den eiskalten Lauf der Waffe an seiner Schläfe spürt, während ein zu allem entschlossener Fanatiker beginnt zu zählen, nachdem er gegenüber dem Tower verkündete: »Ich zähle jetzt bis zehn. Wenn bis dahin nicht aufgetankt wird, werde ich Diana, 19 Jahre alt, aus Deutschland erschießen.« Was denkt man bei »Eins«, wie groß ist noch die Hoffnung auf ein gutes Ende bei »Fünf«, wie unbeschreiblich die Verzweiflung bei »Neun« – und würde man die »Zehn« noch bei Bewusstsein erleben, selbst wenn die Forderung im letzten Moment erfüllt würde? Diana Müll beschreibt ihre Gedanken in ihrem Buch »Mogadischu – Die Entführung der »Landshut« und meine dramatische Befreiung.« Dieses Buch zu schreiben, war für sie auch eine Art der Bewältigung des erlebten Horrors, erzählt sie mir in unserem persönlichen Gespräch, das wir, der pure Zufall wollte es, am 13. Oktober 2020 führten – auf den Tag 43 Jahre nach der Entführung der Boeing 737-230QC D-ABCE. Das Unbeschreibliche in Worte zu fassen, ihnen eine bleibende Erinnerung und Bedeutung zu geben, war ihr Ziel. Intime Einblicke, wie der Weg zur angedrohten Exekution mit gefühlt bleiernen Beinen. Gedanklich Abschied zu nehmen von der Familie – den Eltern und Großeltern –, während unerbittlich der Countdown des eigenen Todes gezählt wird. Ein letzter Gedanke an Flucht – aus der offenen Passagiertür zu springen und zu riskieren, dass der Entführer einen von oben, oder vielleicht noch andere Geiseln aus Rache erschießt. Aber wenigstens hätte man es versucht. All dies ging Diana Müll durch den Kopf, als Mahmud bei »Zehn« angekommen war. Wie würde sich nun der Tod anfühlen? Die durch das Sprechfunkgerät verzerrte Stimme aus dem Tower nahm sie noch wahr: »Stopp! Wir tanken auf! Wir tanken auf!«, dann wurde sie bewusstlos...

Diesen Weg durch das Flugzeug zur erwarteten Exekution ging Diana Müll noch Jahre später. Immer wieder – in ihren Träumen und in den unpassendsten Momenten während des Tages. Immer wieder dieser Gang. Nach ihrer Rückkehr nach Deutschland versuchte sie zunächst, ein möglichst normales Leben zu führen und in ihren vorherigen Alltag einer ganz normalen 19-Jährigen zurückzukehren. Freunde treffen,

Diese Bilder sagen mehr als tausend Worte. Der Schrecken steht der damals 19-jährigen »Landshut«-Geisel Diana Müll noch immer in ihr Gesicht geschrieben, als sie am 18. Oktober 1977 am Frankfurter

Flughafen von ihrer Familie in Empfang genommen wird. Nur wenige Stunden zuvor war sie von den Entführern zu ihrer angedrohten Hinrichtung geführt worden. (Diana Müll, privat)

Geisel Diana Müll – Allein gelassen!

feiern, das Leben genießen. Doch die während der fünf Entführungstage erlittenen seelischen Verletzungen waren zu tief, um darüber hinweg zu gehen. Sie erkrankte schwer und akzeptierte schließlich, dass sie psychologische Hilfe in Anspruch nehmen muss. »Das war zu einer Zeit, als man mit einer psychischen Krankheit als »verrückt« abgestempelt wurde, und wer wollte das schon – vor allem als junge Frau mit 19 Jahren! In der Öffentlichkeit wuchs erst viel später das Bewusstsein dafür, dass die Seele genauso erkranken kann wie ein Organ«, beschreibt Diana Müll ihre damalige Gefühlslage. Doch die Suche nach einem geeigneten Therapeuten gestaltete sich komplizierter als gedacht. Von den diversen psychologischen Fachärzten an ihrem Wohnort im hessischen Gießen bekam die junge Erwachsene lediglich zu hören: »Sie waren in der Landshut? Ein Entführungsopfer? Mit so etwas hatten wir noch nie zu tun, da kann ich Ihnen nicht helfen.« An wen sich Diana Müll auch wandte, niemand war bereit, die Verantwortung für eine Therapie zu übernehmen.

Das beklemmende Gefühl aus der »Landshut«, als die Geiseln sich vom Staat allein gelassen fühlten, da sie keine Informationen darüber hatten, dass bereits Minuten nach dem Beginn der Entführung Rettungsbemühungen angelaufen waren, stieg in ihr erstmals wieder auf. Wieder schien niemand von offizieller Seite da zu sein, der sich für sie einsetzt. Was Diana Müll damals zum Glück noch nicht erahnen konnte – bis heute ist sie tatsächlich vom Staat allein gelassen und kämpft für ihr Recht. »Ich habe seit 43 Jahren keine Unterstützung der Lufthansa oder des Staates erhalten, der mir seitdem eine angemessene Opferentschädigung verweigert«, betont sie fassungslos.

Diana Müll bekam von einer Psychologin den Tipp, sich an einen bestimmten Therapeuten zu wenden, der ihr vermeintlich als Einziger in Deutschland würde helfen können. Die Therapie schlug tatsächlich an, doch folgte das böse Erwachen wenig später. Obgleich jeder andere Psychologe im Großraum Gießen eine therapeutische Behandlung verweigert hatte, war ihre Krankenkasse auf Grund einer fehlenden kassenärztlichen Zulassung des nun behandelnden Therapeuten nicht bereit, dessen Kosten zu übernehmen! Diana Müll: »Das hielt die Krankenkasse aber nicht davon ab, mich in einem Atemzug mit dem Ablehnungsbescheid zu fragen, ob sie ein Interview mit mir über die »Landshut«-Entführung in ihrem Kundenheft abdrucken könne. Ich war sprachlos und so empört, dass ich umgehend die Krankenkasse gewechselt habe.«

Im Rahmen ihrer einjährigen Therapie gab ihr der Psychologe auf den Weg, dass sie das Erlebte niemals wird völlig ausblenden können: »Er sagte mir, dass ich immer Opfer der »Landshut« sein werde. Je schneller ich das annehme, so einfacher würde das Leben für mich.« Er sagte auch: »Wenn Sie eines Tages auf dem Friedhof liegen, dann werden die Leute sagen: auch guck mal, Diana Müll, das war doch die, die damals in der »Landshut« saß. Und erst, wenn Sie das für sich akzeptieren, wird es Ihnen besser gehen.«

Auch danach allein gelassen

Mittlerweile hat die 1958 geborene, als selbständige Kosmetikerin tätige Gießenerin einen Weg gefunden, wie sie ihren Alltag meistern kann, ohne sich permanent an die lebensverändernden Erlebnisse des Jahres 1977 zu erinnern. Sie hat gelernt, mit schlechten Tagen umzugehen und erhebliche Energie in den Aufbau ihrer selbständigen Existenz investiert. »Gerade diese Arbeit war meine Rettung, denn sie lenkte tagsüber von den zunächst immer wiederkehrenden Gedanken an die fünf Tage des Oktobers 1977 ab. Diese Erinnerungen kamen dann immer erst abends, kurz vor dem Einschlafen wieder zurück. Auch die Kontakte zu den anderen Schönheitsköniginnen an Bord des Fluges LH 181 und mit ihnen über das gemeinsam Erlittene zu reden, tut gut. Mit ihnen treffe ich mich regelmäßig auf Mallorca, um nicht nur über den damaligen Schrecken sondern auch schöne Dinge zu sprechen.«

Keinen Anlass zur Freude bietet hingegen der deutsche Staat mit seiner jahrzehntelangen Verweigerung einer minimalen Unterstützung bei den gesundheitlichen Folgekosten. Obgleich sich die Entführung der »Landshut« gegen die Bundesrepublik richtete, und das Flugzeug von der Deutschen Lufthansa betrieben wurde, fühlt sich bis heute niemand für eine Erstattung der damaligen Therapiekosten, geschweige denn einer Entschädigungszahlung zuständig. »Ich musste die Therapie nach einem Jahr abbrechen, da ich als junge Frau nur über einen geringen Verdienst verfügte und daher schnell so hoch verschuldet war, dass ich sie nicht fortsetzen konnte. Und dies obgleich jener Therapeut mein Leben wieder einigermaßen lebenswert machte. Ohne seine Hilfe würde ich sicherlich heute hier nicht sitzen.« Mit anwaltlicher Unterstützung versuchte Diana Müll, auch die Lufthansa zur Kostenübernahme zu bewegen, doch ließ diese die ehemalige »Landshut«-Geisel wissen, dass sie nicht für die Entführung verantwortlich, und somit auch nicht für Geldzahlungen zuständig sei: »Ich habe bis heute kein einziges Schreiben oder einen Anruf erhalten, in der Lufthansa einen Ausdruck des Bedauerns über das äußert, was mir und den übrigen Geiseln in einem Flugzeug der Lufthansa vor 43 Jahren widerfahren ist!«

Eine traurige Verwaltungsposse ist ihr bereits 1980 gestellter Antrag auf Kostenübernahme der Therapie. Für Diana Müll war klar, dass sie diesen Antrag an das Versorgungsamt an ihrem Wohnort Gießen stellt. Das sah die lokale Behörde jedoch anders

Selbst 43 Jahre nach jenen schrecklichen Tagen kämpft Diana Müll noch immer vergeblich um eine ihr bis zur Drucklegung dieses Buches verweigerte Opferentschädigung des deutschen Staates. Auch die nach einem seelischen Zusammenbruch angefallenen Therapiekosten wurden weder von ihrer Krankenkasse noch vom Staat übernommen. (Dornier Museum)

und leitete die Unterlagen an das Amt in Berlin weiter. Dieses schickte die Papiere nach Hamburg, von wo aus sie nach München gelangten. Die Münchner schickten sie sodann nach Bonn, von wo aus diese unbearbeitet wieder in Gießen landeten. An behördlicher Ignoranz kaum zu übertreffen war die 1980 gestellte Aufforderung, aus – welch Überraschung – Berlin, dass Diana Müll doch bitte mit ihrem Gehstock und ihren Krücken zur Bearbeitung ihres Antrags anreisen möge – und auch ihre Brille nicht vergessen sollte! »Ich war ja nicht äußerlich, sondern seelisch krank, was überhaupt nicht zur Kenntnis genommen wurde! Da ich als, nach der selbst gezahlten Therapie hoch verschuldete Frau nicht einmal das Geld für die Zugfahrkarte nach Berlin aufbringen konnte, hatte ich damals meinen Wunsch nach staatlicher Hilfe zunächst aufgeben müssen«, bedauert Diana Müll und fügt an: »Zumal ging aus dem behördlichen Ablehnungsschreiben hervor, dass ein ausführliches psychologisches Gutachten, für das ich an die 600 D-Mark zahlte, nicht anerkannt würde. Ich war am Boden zerstört!«

Doch die damalige Behördenposse hat eine aktuelle Fortsetzung. Mit Unterstützung des Sozialverbands VdK fand Diana Müll vor wenigen Jahren heraus, dass ihr tatsächlich seit 1977 eine Opferentschädigungsrente zusteht! »Da ich selbst das Ablehnungsschreiben aus dem Jahr 1978 noch besaß, war ich guter Dinge, dass nun Bewegung in die Sache kommt«, dachte Diana Müll. Doch da hatte die ehemalige »Landshut«-Geisel nicht mit behördlicher Logik gerechnet. Sie hätte zwar bereits seit 40 Jahren einen finanziellen Anspruch gehabt, der ihr auf Grund eines Behördenfehlers nicht ausgezahlt wurde, so hieß es, doch sei dieser leider verjährt! Gerade einmal vier Jahre könne rückwirkend gezahlt werden. Und selbst das wurde durch eine nicht mit dem Fall betraute Psychologin in Zweifel gestellt, die auf verschlungenen Wegen ihr Urteil in die offizielle Akte einbrachte. Darin stand, dass Diana Müll in einem Fernsehinterview zum »Deutschen Herbst« doch ganz gut und keinesfalls psychologisch belastet ausgesehen habe!

Sozialrichter und auch der unterstützende VdK zeigten sich angesichts dieses vom heimischen Sofa aus erstellten TV-Gutachtens schockiert und gleichzeitig motiviert, den zum Zeitpunkt des Buchdrucks weitergehenden Kampf gegen die Verweigerungshaltung des Staates zu führen. Und wer weiß, vielleicht wird Diana Müll doch noch eines Tages für das erlittene Leid durch ein Verbrechen gegen die Bundesrepublik Deutschland entschädigt. Dies wäre zumindest ein versöhnliches Zeichen des Staates, und ein positives Signal an die damalige »Landshut«-Geisel, die sich nach den Entführungstagen, der Verweigerung einer Therapiekostenübernahme sowie einer Opferentschädigungsrente nun bereits zum dritten Mal vom deutschen Staat allein gelassen fühlt!

2.5 »Er starb durch Hass« – Die Ermordung von Flugkapitän Jürgen Schumann

Flugkapitän Jürgen Schumann konnte auf eine lange militärische und zivile fliegerische Laufbahn zurückblicken, als er an jenem schicksalshaften 13. Oktober 1977 aus dem »Standby« geholt wurde, um die Flüge LH 180 / 181 zu übernehmen. (picture alliance / dpa)

Jürgen Schumann war gerade einmal 37 Jahre alt, als er an jenem schicksalshaften 13. Oktober 1977 die Boeing 737 D-ABCE »Landshut« auf der Lufthansa-Basis in Frankfurt übernahm und als Kapitän den Flügen LH 180/181 von Frankfurt nach Palma de Mallorca und wieder zurück nach Frankfurt zugeteilt wurde. Wie sein Erster Offizier Jürgen Vietor befand sich Schumann zuvor im so genannten »Standby« und wurde erst kurzfristig von der Lufthansa-Einsatzzentrale angefordert um diesen einen Umlauf an jenem Herbsttag zu fliegen.

Schumann verfügte zu diesem Zeitpunkt bereits über eine langjährige fliegerische Erfahrung. Nach seinem Abitur im Jahr 1960 verpflichtete er sich als Zeitsoldat bei der Luftwaffe und flog im Rahmen seines Trainings als ersten Jet eine Lockheed T-33. Im Jahr 1965 gehörte Schumann zur ersten Ausbildungsklasse der Luftwaffe, die auf der Luke Air Force Base der U.S. Air Force im US-Bundesstaat Arizona auf dem »Starfighter« als dem damals modernsten Fluggerät der Bundeswehr geschult wurde. Nach Deutschland zurückgekehrt flog er die F-104G ab Oktober 1965 im Jagdbombergeschwader 33, das in Büchel in der Eifel stationiert war. Nach Ablauf der achtjährigen Dienstzeit und seinem regulären Ausscheiden aus der Bundeswehr bewarb sich Schumann als Pilot bei der Deutschen Lufthansa, wo er ab dem 31. März 1968 die Regelausbildung durchlief. Zunächst als Copilot auf der Boeing 707 eingesetzt, wurde Jürgen Schumann erst kurz vor der »Landshut«-Entführung zum Kapitän auf der Boeing 737 ernannt.

Die Hinrichtung

Es war in der Abenddämmerung des 16. Oktober, als die D-ABCE auf einer Sandpiste neben der durch Fahrzeuge blockierten Start- und Landebahn des Flughafens der südjemenitischen Hauptstadt aufsetzte. Aden wurde von den Terroristen als Ziel gewählt, da sie hofften, dort mit ihren Geiseln in einem unweit des Airports gelegenen Ausbildungslager der PFLP untertauchen zu können, um aus einem sicheren Versteck heraus ihren Forderungen Nachdruck zu verleihen. Allerdings durchkreuzte die jemenitische Regierung diese Pläne und untersagte nicht nur die Nutzung des PFLP-Lagers, sondern blockierte auch die Landebahn des Flughafens von Aden, um eine Landung des entführten Flugzeugs zu verhindern.

Doch Flugkapitän Jürgen Schumann und Copilot Jürgen Vietor hatten keine Wahl. Seit dem Start in Dubai waren fast vier Stunden vergangen und der Treibstoffvorrat in den Tanks der 737 neigte sich dramatisch dem Ende zu. So blieb nur die Entscheidung zur Landung auf einem Sandstreifen neben der Piste über dessen Beschaffen-

Nach der Ermordung von Jürgen Schumann in Aden wurde sein Leichnam zunächst in einem Vorratsschrank der hinteren Bordküche verstaut, bevor er nach der Landung in Mogadischu über eine Notrutsche von Bord gebracht wurde. (picture-alliance / dpa / UPI)

heit der Crew keinerlei Informationen vorlagen. Schumann und Vietor hatten abgesprochen, dass der Copilot ab Rom, wo er noch nicht im Cockpit sitzen durfte, alle Landungen während der Entführung vollzieht, was auch diesmal bis zum Aufsetzen ohne Probleme vonstatten ging. Doch bereits kurze Zeit, nachdem das Fahrwerk mit dem Boden Kontakt hatte, wurde die Maschine wie von einer Riesenfaust durchgeschüttelt. Der Grund: Die Räder waren mehrmals bei hoher Geschwindigkeit in tiefe Sandkuhlen eingesackt und die dabei entstandenen Kräfte waren so groß, dass selbst Teile der Kabinenverkleidung auf die verängstigten Geiseln hinabfielen. Der Freude über die geglückte Landung, ohne Verletzte oder gar Tote zu beklagen, wich schnell der Sorge über den technischen Zustand des Flugzeugs. Würde der »City Jet« den von den jemenitischen Behörden, zum Entsetzen der Entführer mit Nachdruck geforderten erneuten Start durchstehen oder waren das Fahrwerk, Ruder und Klappen derart beschädigt worden, dass gezwungenermaßen aus technischen Gründen doch in Aden Endstation sein würde? Die Antwort darauf, das sah auch Anführer Mahmud ein, konnte nur ein persönlicher Außencheck eines der beiden Piloten geben. Dafür wurde Flugkapitän Jürgen Schumann auserkoren, der die Maschine über die hintere, bordeigene Treppe verließ – und im Dunkel der mittlerweile hereingebrochenen Nacht verschwand. Was sich in der darauf folgenden Zeitspanne ereignete, die laut Copilot Jürgen Vietor ein bis zwei Stunden betragen haben dürfte, ist bis heute ungeklärt. Wollte Schumann Hilfe holen oder wurde er von der jemenitischen Regierung vom Flugzeug verschleppt und festgesetzt? Tatsache ist, dass der Kapitän unvermittelt nach einer gefühlten Ewigkeit an Bord zurückkehrte. Mahmud war außer sich, ließ Jürgen Schumann vor sich im Mittelgang der Kabine hinknien, schlug und erschoss den »Landshut«-Kapitän kaltblütig vor den Augen der Passagiere und Besatzung, noch bevor dieser erklären konnte, was passiert war. Jürgen Vietor und Diana Müll erinnern sich, dass diesem grausamen Moment das diabolische Lachen der Entführerin Andrawes folgte. Nachdem der Tote eine Weile im Gang liegen blieb, mussten ihn Passagiere in einem der hinteren Garderobenschränke verstauen. Erst nach der Landung in Mogadischu wurde der Leichnam Schumanns über eine Notrutsche aus der Maschine gebracht und den somalischen Behörden übergeben.

Flugkapitän Jürgen Schumann bezahlte seine Opferbereitschaft für die ihm anvertrauten Menschen mit seinem Leben. Der damalige Bundesverkehrsminister Kurt Gscheidle formulierte dies während der Trauerfeier am 21. Oktober in Babenhausen so: »Jürgen Schumann hat uns allen ein Beispiel gegeben, wie ein Mann selbst in einer verzweifelten Situation zu handeln in der Lage ist – tapfer und überlegt.« Zusammen mit den Angehörigen der GSG 9 und der »Landshut«-Crew wurde Jürgen Schumann posthum das Bundesverdienstkreuz Erster Klasse verliehen. Lufthansa ehrte ihren Mitarbeiter, indem sie ihre Verkehrsfliegerschule in Bremen nach ihm benannte. Im hessischen Schmitten Arnoldshain trägt eine Schule seinen Namen und nicht nur in Babenhausen, unweit des Frankfurter Flughafens, wo sich Schumann mit seiner Familie niedergelassen hatte und wo er bestattet wurde, erinnern Jürgen-Schumann-Straßen bis heute an den Ermordeten. Die Inschrift auf einem ihm gewidmeten Gedenkstein in seinem Heimatort bringt es in Stein gemeißelt auf den Punkt: »Er starb durch Hass.«

Jürgen Schumann-Kaserne?
Bei Drucklegung dieses Buches wurde darüber diskutiert, die bisherige »Marseille«-Kaserne im schleswig-holsteinischen Appen vor den Toren Hamburgs, an der Schumann einen Teil seiner Ausbildung absolvierte, nach diesem, wie die Luftwaffe offiziell in ihrem Online-Auftritt betont: »zivilen wie militärischen Vorbild für Haltung und Pflichterfüllung« zu benennen.

2.6 »Landshut«-Splitter

Die zweite Crew

Weitestgehend unbekannt ist die Tatsache, dass die deutsche Lufthansa-Besatzung der »Landshut« nicht die einzige Airline-Crew an Bord war. In zivil befanden sich zudem auch Alberto Cerezon und sein Copilot Jaime Deyá unter den Geiseln in der Kabine, die als Piloten für die spanische Charter-Airline TAE tätig waren. Sie sollten eine Douglas DC-8 in Deutschland übernehmen, zuvor ihre im Gepäck mitgeführten Uniformen anziehen und dann mit Urlaubern an Bord zurück nach Spanien fliegen. Zusammen mit dem Flugingenieur Alberto López, der Chef-Stewardess Pilar Diaz Maroto, Steward Ramón Gómez und Stewardess Elisa van der Elst saß jedoch nun die komplette TAE-Crew hilflos in der Kabine und mussten wie alle anderen Geiseln die fünf Tage an Bord der Lufthansa-Maschine ertragen.

Rücktrittsgesuch in der Schublade

Nach der geglückten Befreiung der »Landshut« stellt sich ein sichtlich erleichterter Bundeskanzler Helmut Schmidt am Morgen des 18. Oktober 1977 den Fragen der Journalisten. (picture alliance / AP / Fritz Reiss)

Das Bundeskabinett unter Kanzler Helmut Schmidt verfolgte 1977 eine harte Linie gegenüber den Forderungen der RAF-Entführer des Arbeitgeberpräsidenten Hanns Martin Schleyer und jenen des palästinensischen PFLP-SC Kommandos, das den Lufthansa-Jet »Landshut« unter seine Kontrolle gebracht hatte. Es sollte ihnen unter keinen Umständen nachgegeben wären, was den deutschen Staat erpressbar gemacht hätte. Wäre es nach Schmidt gegangen, so hätte es bereits beim ersten Tankstopp in Rom eine Entscheidung gegeben. Doch entgegen der ausdrücklichen Bitte der Bundesregierung gestatteten die Italiener einen erneuten Start in der italienischen Hauptstadt. Selbst Tote und Verletzte hätte Schmidt bei einer von ihm verlangten Erstürmung in Dubai in Kauf genommen, doch verhinderte der für alle Beteiligten überraschende Weiterflug nach Aden auch diese Pläne. So kam es schließlich zur Befreiung in Mogadischu. Nachdem Sonderbeauftragter Wischnewski die erlösende Nachricht nach Bonn übermittelt hatte, dass die Rettungsaktion geglückt war und weder unter der GSG 9, noch den Geiseln Tote zu beklagen war, vernichtete Schmidt sein bereits vorformuliertes Rücktrittsgesuch, das für den Fall eines Scheiterns der »Operation Feuerzauber« griffbereit in seiner Schreibtischschublade lag.

Freudentränen

Um 0:12 Uhr des 18. Oktober 1977 gab die GSG 9 den Erfolg der »Operation Feuerzauber« bekannt: »4 Gegner niedergekämpft, Geiseln befreit, 3 Geiseln vermutlich durch Gegnereinwirkung verletzt, 1 Angehöriger des Sturmtrupps leicht durch Halsdurchschuss verletzt.« Hans-Jürgen Wischnewski rief umgehend von Mogadischu aus bei Kanzler Helmut Schmidt an und verkündete die gute Nachricht mit den knappen Worten: »Die Arbeit ist erledigt.« Der ansonsten so kühle Hanseat Schmidt hatte Freudentränen in den Augen. Um 0:38 Uhr gab der Deutschlandfunk im Radio die Eilmeldung bekannt: »Die von Terroristen in einer Lufthansa-Boeing entführten 86 Geiseln sind alle glücklich befreit worden.«

Selbstmorde in Stammheim

Am Morgen des 18. Oktober 1977 machten Justizvollzugsbeamte im Hochsicherheitsgefängnis Stuttgart-Stammheim eine erschreckende Entdeckung. Drei der dort einsitzenden vier Terroristen der ersten RAF-Generation, die über die Entführung von Hanns Martin Schleyer sowie das Hijacking der »Landshut« freigepresst werden sollten, hatten sich unmittelbar und unter einander abgesprochen nach Bekanntwerden der erfolgreichen Rettungsaktion in Mogadischu selbst das Leben genommen. Andreas Bader und Jan-Carl Raspe erschossen sich mit zuvor hereingeschmuggelten

Im Verlauf des »Deutschen Herbstes« wurde damit gerechnet, dass besonders Flugzeuge der Deutschen Lufthansa mit Boden-Luft-Raketen beschossen werden könnten. Um das Risiko zu reduzieren, hatten die Piloten daher freie Wahl, ihre Abflugrouten »Freestyle« zu planen – ohne dies vorab über Funk bekannt zu machen. Dass die Befürchtung nicht unbegründet war, zeigt der damals geheim gehaltene Fund einer Abschuss-Anlage auf dem Höhenzug »Weidacher Höhe«, der sich in der direkten Verlängerung der Stuttgarter Start- und Landebahn befindet. (Flughafen Stuttgart)

Pistolen, während sich Gudrun Ensslin mit einem Elektrokabel am Gitter des Zellenfensters erhängte. Einzig Irmgard Möller überlebte ihren missglückten Selbstmordversuch mit einem Besteckmesser.

Bundeskanzler Schmidt in einer ersten Stellungnahme: »Ich war wie von einer Keule getroffen, empört, entsetzt. Jetzt hatten wir gerade einen großen Erfolg errungen, und nun dieser Tritt in den Unterleib.« Es dauerte nicht lange, bis sich von der RAF lancierte Propaganda über einen angeblichen Mord im Staatsauftrag an den drei Gesinnungsgenossen verbreitete, die jedoch nie durch Fakten belegt werden konnte. Zweifel an der Mordtheorie äußersten auch die 1980 aus der RAF ausgestiegenen, und in die DDR übersiedelten RAF-Terroristinnen der zweiten Generation, Susanne Albrecht und Monika Helbing, die in Vernehmungen von einer »suicide action« sprachen, die von dem in Stammheim inhaftierten RAF-Führungskader im Falle eines Scheiterns ihrer Freipressung von langer Hand geplant war.

Der Mord

Die gelungene Rettungsaktion der »Landshut«-Geiseln in Mogadischu und der Selbstmord der RAF-Terroristen in Stuttgart-Stammheim waren gleichzeitig das Todesurteil für den ab dem 5. September 1977 in Köln-Braunsfeld vom RAF-Kommando »Siegfried Hausner« entführten Arbeitgeberpräsidenten Hanns Martin Schleyer. Noch am Abend des 18. September wandte sich Bundespräsident Walter Scheel im Fernsehen mit diesem emotionalen Appell an dessen Entführer: »... Ich wende mich jetzt direkt an die Entführer von Hanns Martin Schleyer, von denen ich annehme, dass sie mir in diesem Augenblick zuhören. Ich appelliere an Sie, Ihre Geisel freizugeben. Mit der sinnlosen Eskalation von Gewalt und Tod muss Schluss sein. Die ganze Welt, Ost und West, steht gegen Sie. Kehren Sie zurück zu menschlichem Handeln. Dieser Augenblick gibt Ihnen noch eine letzte Chance dazu.« Doch zu jenem Zeitpunkt war Schleyer vermutlich bereits tot. Seine Leiche wurde am nächsten Tag im Kofferraum eines Pkw im französischen Mülheim gefunden.

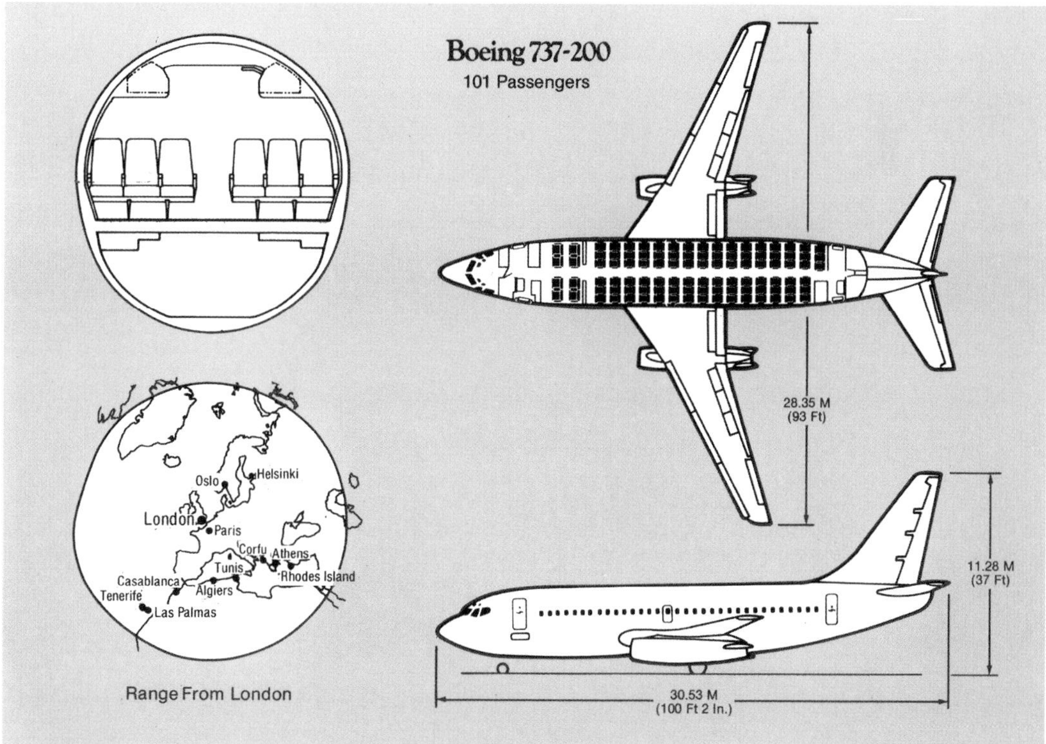

Diese offizielle Boeing-Grafik zeigt die Reichweite einer 737-200 mit Ausgangspunkt London sowie die Maße und Standardbestuhlung dieses Flugzeugtyps. (Boeing)

KAPITEL 3 – OPERATION FEUERZAUBER, DIE GSG 9 – RETTERIN IN DER NOT

3.1 Trainingsweltmeister – Die ersten Jahre der GSG 9

München, 4. August 1971. Hans Georg Rammelmayr und sein Komplize Dimitri Todorov überfallen die Filiale der Deutschen Bank in der Prinzregentenstraße inmitten der bayerischen Landeshauptstadt. Erstmals in der Geschichte der Bundesrepublik Deutschland werden dabei von Bankräubern Geiseln genommen, um ihrer Forderung nach zwei Millionen Mark Lösegeld sowie einem Fluchtwagen Nachdruck zu verleihen. Vor den Augen von rund 5.000 unmittelbar am Geschehen versammelten Schaulustigen, den Gästen eines gegenüber liegenden Nobelrestaurants, darunter der bayerische Ministerpräsident Franz Josef Strauß, entwickelte sich ein beispielloses Drama, das selbst Fernsehschauer live an ihren Geräten zu Hause verfolgen konnten. Die von der Situation psychisch und taktisch völlig überforderte Polizei, die zudem über keine Präzisionsschützen verfügte, sondern aus der Not heraus mit der Jagd erfahrene Kollegen in Stellung brachte, eröffnete schließlich im denkbar ungünstigsten Moment das Feuer und traf dabei nicht nur Rammelmayr sondern auch eine im bereitgestellten Fluchtwagen neben ihm sitzende Geisel tödlich, die von einem wahren Kugelhagel aus Polizeigewehren durchsiebt wurde.

Während dieses traurige Ereignis der Öffentlichkeit und den politischen Entscheidungsträgern bereits die Notwendigkeit eines auf besondere Lagen vorbereiteten polizeilichen Spezialkommandos vor Augen führte, gab schließlich der Anschlag auf die an den Olympischen Spielen in München teilnehmende israelische Mannschaft den finalen Anstoß zur Bildung der GSG 9. Am Morgen des 5. September 1972 erstürmten palästinensische Terroristen die Unterkunft der israelischen Mannschaft, töteten dabei zwei Athleten und nahmen neun Geiseln. Angesichts des katastrophalen Ausgangs dieses Dramas, bei dem in der Nacht vom 5. auf den 6. September sämtliche Geiseln, fünf der acht Terroristen sowie ein Polizist ums Leben kamen, beschlossen die Mitglieder des Deutschen Bundestages am 26. September in seltener Einstimmigkeit über alle Parteigrenzen hinweg, eine Antiterror- und Geisel-

Um auch auf eine Flugzeugentführung optimal vorbereitet zu sein, trainierte die Bundesgrenzschutz-Spezialeinheit »Grenzschutzgruppe« (GSG) 9 auf Anweisung ihres Kommandeurs Ulrich Wegener über einen langen Zeitraum hinweg die Erstürmung von Flugzeugen und die Befreiung der darin festgehaltenen Geiseln – vornehmlich an Flugzeugmustern der zum Zeitpunkt der »Landshut«-Entführung eingesetzten Lufthansa-Flotte (Foto). Das blitzschnelle Öffnen der Türen einer Boeing 737 sowie das taktische Vorgehen im Inneren der Kabine war daher ein unzählige Mal vorher geübtes Prozedere. (Lufthansa)

befreiungs-Einheit des damaligen Bundesgrenzschutzes (BGS) der Bundesrepublik Deutschland zu gründen. Den Auftrag für deren Bildung erhielt Oberstleutnant im Bundesgrenzschutz Ulrich Wegener, den der damalige Bundesinnenminister Hans-Dietrich Genscher mit dieser Aufgabe betraute. Seit ihren ersten Tagen ist eine Kaserne in Sankt Augustin bei Bonn Standort der Grenzschutzgruppe (GSG) 9, die selbst nach Umbenennung des Bundesgrenzschutzes am 1. Juli 2005 in »Bundespolizei«, auf Grund ihres weltweiten Bekanntheitsgrades den ursprünglichen Namen behielt. Von den heutigen Einheiten, bestehend aus »Präzisionsschützen«, »Taucher und Bootsführer«, »Fallschirmspringer«, »Einsatzeinheit« sowie Unterstützungseinheiten, die beispielsweise fotografische Aufklärung mit Hilfe von Drohnen durchführen, konnten die Männer der ersten Stunde um Wegener nur träumen. Dieter Fox war einer des ersten Dutzends, als er am 6. November 1972 seinen Dienst in Sankt Augustin

Dieses Postkartenmotiv der D-ABCE »Landshut« lag im Jahr 1977 an Bord sämtlicher Boeing 737 der Lufthansa zur kostenlosen Mitnahme aus. Nach der Entführung wurde dieses Motiv um eine weitere Postkartenversion – ebenfalls der D-ABCE – ergänzt. (Lufthansa / Sammlung Wolfgang Borgmann)

antrat. »Wir hatten nichts außer unserer persönlichen Ausrüstung, die wir aus unseren früheren Polizeieinheiten zur GSG 9 mitbrachten. Zu Übungszwecken genutzte Einsatzmittel, wie Autos oder Waffen mussten wir uns anfangs leihen, um überhaupt eine sinnvolle Ausbildung durchführen zu können«, erinnert sich Fox. Da es sich bei der GSG 9 um eine der ersten polizeilichen Anti-Terror Einheiten weltweit handelte, gab es bis auf Israel so gut wie keine Vorbilder, an denen sich Wegener und sein Team orientieren konnten. Selbst der Begriff »Anti-Terror« musste erst geprägt werden: »es gab Terror-Angriffe, also beschloss man, dass deren Bekämpfung am besten mit der Wortschöpfung ‚Anti-Terror' umschrieben wird«, weiß Fox, dessen beruflicher Werdegang ihn für seine neue Rolle in der GSG 9 prädestinierte. Als Sicherheitsoffizier war er unter anderem für den Schutz der Privatresidenz des Bundeskanzlers Willy Brandt auf dem Venusberg, des Bundeskanzleramts im Palais Schaumburg, des Aus-

Links: Dieses zeitgenössische Foto zeigt den GSG 9-Beamten Dieter Fox der Spezialeinheit des Bundesgrenzschutzes zur Zeit der »Landshut«-Entführung. Fox war maßgeblich an der Vorbereitung und Durchführung der »Operation Feuerzauber« beteiligt. (Dieter Fox, privat)

wärtigen Amts, der Villa Hammerschmidt als Sitz des Bundespräsidenten sowie des Bundesministeriums des Inneren verantwortlich.

Als BGS-intern nach Interessenten gesucht wurde, war für den mit modernen Sicherheitskonzepten bestens vertrauten Dieter Fox der logische nächste Schritt, sich für die im Aufbau befindliche GSG 9 zu bewerben: »Mich reizte die Herausforderung, diese Spezialeinheit mit aufzubauen und körperlich wie geistig mehr gefordert zu werden. Davon war mein Vorgesetzter nicht begeistert, der mich eigentlich nicht ziehen lassen wollte, doch wurde meine Versetzung von übergeordneter Stelle angewiesen – und so begann meine Karriere bei der GSG 9.« Was folgte, war eine nach den damaligen Möglichkeiten und Mitteln grundsolide Spezialausbildung, gekoppelt mit unzähligen Übungseinheiten, bei denen die Befreiung von Geiseln aus Fahrzeu-

Von den heutigen Möglichkeiten der GSG 9-Einheiten, bestehend aus »Präzisionsschützen«, »Taucher und Bootsführer«, »Fallschirmspringer«, »Einsatzeinheit« sowie Unterstützungseinheiten konnten die Männer der ersten Stunde um Wegener nur träumen.

Die 3. Einheit der GSG 9 praktiziert das taktische Fallschirmspringen. Sie beherrscht alle Facetten dieser Spezialisierung, darunter »einfache« Sprünge, gezielte Sprünge auf kleine Landeflächen, Angleitverfahren mit Gepäck und Sprünge bei völliger Dunkelheit. (Bundespolizei)

Jahrelanges Training wird benötigt, um alle taktischen Variationen im Einsatz der GSG 9 zu beherrschen. (Bundespolizei)

Trainingsweltmeister

Selbst auf so ungewöhnliche Einsätze, wie das Absetzen eines Teams auf dem Deck eines U-Boots ist die GSG 9 vorbereitet. (Bundespolizei)

Die Angehörigen der 1. Einheit befassen sich mit dem Präzisionsschützenwesen. Diese Einheit verfügt über verschiedenste Präzisionswaffen und spezielle Aufklärungsmittel, die das gesamte Spektrum des polizeilichen Präzisionsschützenwesens abdecken. (Bundespolizei)

Zur Ausstattung der 3. Einheit gehören Spezialfallschirme, die es den Einsatzbeamten erlauben, auf alle Anforderungen reagieren zu können. (Bundespolizei)

Trainingsweltmeister

Die GSG 9-Beamten werden in erster Linie bei der Bundeswehr ausgebildet. Hier erwerben sie die Grundbefähigung, gefolgt von einer Vielzahl an Workshops im In- und Ausland um alle Facetten des taktischen Springens zu erlernen. (Bundespolizei)

gen, Gebäuden und Flugzeugen permanent trainiert wurde. Nach der offiziellen Meldung der Einsatzbereitschaft durch Wegener im April 1973 agierte die GSG 9 zunächst weiterhin im Verborgenen. So beispielsweise beim Besuch des sowjetischen Staatschefs Breschnew im Jahr 1973 in Bonn und der Fußballweltmeisterschaft 1974, die von ihr mit abgesichert wurde. Dieter Fox: »Wir traten in Uniform auf, hatten aber mit den Fernsehanstalten eine Vereinbarung, dass wir unter keinen Umständen gefilmt werden durften, was bis auf einen mir bekannten Fall auch gelungen ist. Wir waren voll bewaffnet in den oberen Rängen der am meisten gefährdeten Stadien, wie Frankfurt, Düsseldorf, Hamburg oder München postiert und sorgten somit, völlig unbemerkt von der Öffentlichkeit, für die Sicherheit von Zuschauern, Spielern und Offiziellen.« Andere Einsätze wurden in Zusammenarbeit mit dem Bundeskriminalamt (BKA) gegen die noch heute aktive Organisierte Kriminalität durchgeführt, die damals in kleinem Rahmen ihren Anfang nahm. »Wir bekamen auch Einblick in die aktive Arbeit der Spezial Einsatzkommandos (SEK) und Mobilen Einsatzkommandos (MEK) der Polizeibehörden der Bundesländer. Schließlich hatten wir bis zur Entführung der »Landshut« keinen großen Einsatz und bezeichneten uns daher selbst scherzhaft als die Top-Trainingsweltmeister«, erzählt Fox mit einem Schmunzeln. Dennoch war der GSG 9-Führung spätestens seit der Entführung eines Airbus A300 der Air France im Juli 1976 in die ugandische Hauptstadt Entebbe durch Mitglieder der deutschen linksextremistischen Terrorgruppe »Revolutionäre Zellen« sowie der palästinensischen Terror-Organisation PFLP-EO bewusst, dass es nur eine Frage der Zeit ist, bis

Die Bootsführer der 2. Einheit sind auf die Verbringung von Einsatzkräften mittels kleiner und mittlerer Einsatzboote spezialisiert. Um diese Qualifikation zu erlernen, bedarf es einer Fülle an Lehrgängen. Die Dauer der gesamten Ausbildung beträgt rund ein Jahr. (Bundespolizei)

Zielrichtung der GSG 9-Taucher ist es, sich in maritimen Lagen lautlos und ungesehen dem möglichen Szenario zu nähern und den Einsatzerfolg durch den bestmöglichen Überraschungseffekt herbeizuführen. Hierzu sind die Beamten mit speziellen Tauchgeräten ausgestattet, so dass sie von der Wasseroberfläche nicht erkannt werden können. (Bundespolizei)

dieser Terror auch die Bundesrepublik erreicht. Damals wie heute bestehen hervorragende Kontakte zwischen der GSG 9 und allen israelischen Spezialeinheiten, auch jenen der Armee. »Das war ein Verdienst von Wegener, der diese Beziehung bereits früh aufbaute, und so waren wir auch über die palästinensischen, vor nichts zurückschreckenden Gruppierungen bestens informiert«, erläutert Fox. Als Konsequenz daraus wurde die Ausbildung forciert und vor allem die Erstürmung von Verkehrsflugzeugen intensiv geübt, wodurch die GSG 9 eine weltweit einzigartige Kompetenz bei der Befreiung von Geiseln aus der Hand von Flugzeugentführern erlangte. Durch

die Nähe der Heimatkaserne Sankt Augustin zum internationalen Verkehrsflughafen Köln/Bonn, an dem zudem die Flugbereitschaft der Luftwaffe stationiert ist, übte die Einheit bei jeder sich bietenden Gelegenheit die Erstürmung von Maschinen der Lufthansa und jener der damals von der Luftwaffe eingesetzten Boeing 707, die über vergleichbare Türen und Notausgänge der Boeing 737 verfügt. Die GSG 9 war jedoch nicht nur auf Boeing-Muster spezialisiert, sondern mit sämtlichen gängigen Verkehrsflugzeugmustern vertraut – teilweise bis hin zu sowjetischen Typen. Dieter Fox: »Wir waren auf einen Einsatz nicht gierig, aber taktisch optimal darauf vorbereitet, Menschen zu befreien, ihr Leben zu retten und als Gewinner aus diesem Einsatz herauszugehen!« Auch auf politischer Ebene, bis hin zu Justizminister Hans-Jochen Vogel, Außenminister Hans-Dietrich Genscher und Bundeskanzler Helmut Schmidt bestand einhellige Zustimmung zu Einsätzen der GSG 9 im vorgegebenen rechtlichen Rahmen. Noch heute kann sich Dieter Fox darüber echauffieren, dass damalige führende Oppositionspolitiker mit dem Einsatz der GSG 9 haderten: »Der Bundestag hatte 1972 einstimmig der GSG 9-Bildung zugestimmt. Wir waren 1977 optimal für die Terrorbekämpfung ausgebildet und auf einen Einsatz vorbereitet. Das Training war so gut, dass schon viel an Unkalkulierbarem hätte passieren müssen, damit der Einsatz misslingt. Wir wussten, was wir zu tun haben, und es war ‚unser' Leben das wir in einem Einsatz riskierten. Nicht jenes eines Politikers!«
Noch vor der so genannten »Offensive 77« der Roten Armee Fraktion, die am 7. April 1977 mit dem Mordanschlag auf Generalbundesanwalt Siegfried Buback und seine beiden Begleiter begann, entschied Kommandeur Ulrich Wegener, das Training für den Häuserkampf einschließlich des Einsatzes von Präzisionsschützen zu forcieren. Dies sollte sich bei der Durchsuchung zahlreicher Objekte nach der Entführung des Arbeitgeberpräsidenten Hanns Martin Schleyer auszahlen, denn die beim Training erlernten taktischen Maßnahmen konnten hierbei gut eingesetzt werden. »Wir waren innerlich darauf vorbereitet, dass sich die Situation schlagartig ändern kann, was mit der Entführung Schleyers am 5. September dann auch tatsächlich passiert ist«, erklärt Fox. Dass der Entführte nicht befreit werden konnte, ist eine der schmerzlichen Stunden der GSG 9 sowie der deutschen Polizei, die sich vor jenem Haus in Erftstadt bereits postiert hatte in dem Schleyer festgehalten wurde. Fox: »Die falsche Beurteilung der Lage und Missverständnisse bei der Übermittlung durch die übergeordnete Polizeiebene führte leider dazu, dass kein Zugriff erfolgt ist. Wir wussten nicht, dass er sich in dem Gebäude befindet. Aber es gab einen starken Verdacht – und er war tatsächlich dort, als wir vor dem Haus standen! Ich bin noch immer der Meinung, dass wir Schleyer bei einem Zugriff hätten retten können.«

Trainingsweltmeister

3.2 Ulrich Wegener – Ein Leben für die GSG 9

Als Gründungskommandeur der Spezialeinheit GSG 9 erwarb sich General im Bundesgrenzschutz a.D. Ulrich K. Wegener in Sicherheitskreisen rund um den Globus einen exzellenten Ruf. Seine Entscheidung, die damalige Spezialeinheit des Bundesgrenzschutzes – heute Bundespolizei – unter anderem auf die Erstürmung von entführten Verkehrsflugzeugen vorzubereiten, trug maßgeblich zum Erfolg der »Landshut«-Befreiung bei. (Bundespolizei)

Rund 500 Gäste aus Politik und Behörden, internationale Partner sowie aktive und ehemalige Angehörige der GSG 9 nahmen am 29. Januar 2018 auf einer Trauerfeier im ehemaligen Plenarsaal des Deutschen Bundestages in Bonn Abschied von General im Bundesgrenzschutz a.D. Ulrich K. Wegener.

Sie alle würdigten die Verdienste eines der profiliertesten und weltweit bei Sicherheitsexperten hoch angesehenen Polizeioffiziers, der sich als Gründungskommandeur der polizeilichen Spezialeinheit GSG 9 im Jahr 1972 erstmals auch auf internationalem Parkett einen Namen machte. Wegener verinnerlichte die ihm von seinem preußischen Elternhaus vermittelten Tugenden wie Fleiß, Pflichterfüllung, Ehrlichkeit und Tapferkeit, die er als Offizier ab 1959 seinen Kameraden vorlebte. Im August 1968 hielt er als Stabsoffizier für Nachrichtenwesen im Bundesinnenministerium einen Lagebericht vor dem Großen Krisenstab der Bundesregierung über den möglichen Einmarsch von Truppen des Warschauer Paktes zur Niederschlagung des Prager Frühlings in der Tschechoslowakei – der dann tatsächlich wenige Tage später erfolgte. Dieser Vortrag beeindruckte unter anderem Hans-Dietrich Genscher – zu jenem Zeitpunkt noch parlamentarischer Geschäftsführer der Freien Demokratischen Partei (FDP). Im Jahr darauf, Genscher war mittlerweile Bundesinnenminister, ernannte er Wegener zu seinem Verbindungsoffizier zum Bundesgrenzschutz. Für Wegener wie Genscher war der Überfall palästinensischer Terroristen auf die Olympischen Spiele 1972 in München ein Fanal. Hilflos mussten sie vom Tower des Flughafens Fürstenfeldbruck aus verfolgen, wie vor ihren Augen sämtliche Geiseln bei einem gescheiterten Befreiungsversuch der deutschen Polizei ums Leben kamen. Gemeinsam gelangten sie noch vor Ort zu der Überzeugung, dass sich ein derartiges Fiasko nicht wiederholen darf. Wegener bot Genscher den Aufbau einer polizeilichen Spezialeinheit unter seiner Leitung an, dem der Minister umgehend zustimmte und dies am 26. September 1972 offiziell bekannt machte. Auf der Suche nach Vorbildern zur Führung von Spezialeinheiten wandte sich Wegener an die britische Special Air Service (SAS) und israelische Einheiten. Besonders zu letzteren bauten Wegener und die GSG 9 ein intensives Verhältnis auf, das bis heute von gegenseitiger Wertschätzung geprägt ist und das deutsch-israelische Verhältnis nachhaltig positiv beeinflusst. Durch die »Operation Feuerzauber« wurde die Existenz der GSG 9 nicht nur erstmals der deutschen Öffentlichkeit bekannt, sondern erlangte auch in internationalen Sicherheitskreisen Anerkennung. Nach der Lernphase von anderen Spezialeinheiten wandten sich nun ausländische Anti-Terroreinheiten an Wegener und die GSG 9, um ihrerseits von deren einzigartigen Know-how zu lernen. 1979 schied Wegener im Range eines Oberst als Kommandeur der GSG 9 aus, behielt jedoch in seiner Funktion als Ständiger Vertreter des Inspekteurs des Bundesgrenzschutzes im Bundesministerium des Inneren weiterhin Einfluss auf die GSG 9. Ab 1981 leitete Ulrich Wegener als Kommandeur das Grenzschutzkommando West, war jedoch im Auftrag der Bundesregierung auch nach seiner Pensionierung in leitender Funktion an der Etablierung der Security Force in Saudi-Arabien beteiligt.

3.3 Hans-Jürgen Wischnewski – »Ben Wisch«, der »Held von Mogadischu«

Hans-Jürgen Wischnewski erlangte besonders im »Deutschen Herbst 1977« weltweit Berühmtheit, nachdem er als Sondergesandter der Bundesregierung die politischen Weichen im Nahen Osten so gestellt hatte, dass die »Operation Feuerzauber« der GSG 9 in Mogadischu stattfinden konnte. Nach einer steilen Karriere in der Gewerkschaft IG-Metall und innerhalb der Sozialdemokratischen Partei Deutschlands (SPD), wurde Wischnewski von 1966 bis 1968 erstmals als Bundesminister für wirtschaftliche Zusammenarbeit eine führende Aufgabe in einer bundesdeutschen Regie-

Diese Aufnahme von Hans-Jürgen Wischnewski entstand anlässlich seines 75. Geburtstages am 14. Juli 1997. Ohne ihn wäre die Befreiung der »Landshut«, deren Modell er auf diesem Foto in Händen hält, nicht möglich gewesen. Erst dank seines politischen Verhandlungsgeschicks sowie seiner guten Kontakte in die arabische Welt wurde der politische Weg zur Befreiung der Geiseln in Somalia geebnet. (picture-alliance / dpa / Roland Scheidemann)

rung zuteil. Als SPD-Wahlkampfchef verhalf er im Jahr 1969 seiner Partei zum Wahlsieg und Willy Brandt zur Kanzlerschaft.
Bereits seit den 50er-Jahren unterhielt Wischnewski beste Kontakte in die arabische Welt, beginnend mit der Unterstützung der algerischen Unabhängigkeitsbewegung, die eine Loslösung des nordafrikanischen Landes von Frankreich zum Ziel hatte.
Im September 1970 nutzte er zum ersten Mal diese Verbindungen, um Geiseln aus der Hand von palästinensischen Flugzeugentführern jener PFLP zu befreien, die sieben Jahre später für die Entführung der »Landshut« verantwortlich war. Durch persönliche Verhandlungen in der jordanischen Hauptstadt Amman konnte er mit dazu beitragen, dass die Geiselnahme von fast 400 Passagieren und Besatzungsmitgliedern ohne Blutvergießen zu Ende ging. Wischnewski, der sich mit dieser und anderer Vermittlungsaktionen in der arabischen Welt den Beinamen »Ben Wisch« verdient hatte, wurde im Dezember 1976 als Staatsminister im Kanzleramt und Bevollmächtigter der Bundesregierung in Berlin auch immer wieder mit Sondermissionen betraut.
So entsandte ihn Bundeskanzler Helmut Schmidt in den Nahen Osten, als das PFLP-SC die »Landshut« im Oktober 1977 entführte. Dank seines Verhandlungsgeschicks und mit seinen exzellenten Kontakten zu den Regierungen und Organisationen in einer Vielzahl arabischer Staaten ebnete er den politischen Weg zur »Operation Feuerzauber«. Zuletzt waren es die von Hans-Jürgen Wischnewski im Namen der Bundesregierung mit dem somalischen Staatschef Siad Barre getroffenen Vereinbarungen, die einer deutschen Polizeieinheit den erfolgreichen Zugriff auf fremdem Territorium erlaubten. Neben »Ben Wisch« wurde dem Krisenmanager von den Medien nun auch der Beiname »Held von Mogadischu« verliehen.
Sein politisches Engagement im Nahen Osten fand damit kein Ende und umfasste in den Folgejahren unter anderem den Vorsitz des Nahost-Ausschusses der Sozialistischen Internationalen, er bemühte sich 1987 um die Freilassung der deutschen Manager Rudolf Cordes und Alfred Schmidt, die in Teheran und Beirut festgehalten wurden, oder vermittelte Anfang der 90er-Jahre Kontakte zwischen Israel und der Palästinenserorganisation PLO. 1997 wurde »Ben Wisch« von Palästinenserpräsident Jassir Arafat mit dem höchsten palästinensischen Orden ausgezeichnet. Selbst ein Jahr vor seinem Tod traf sich Wischnewski zu politischen Gesprächen mit dem libyschen Revolutionsführer Muammar al-Gaddafi und nahm an der Trauerfeier von Jassir Arafat in Kairo teil. »Bin Wisch« verstarb am 24. Februar 2005 mit 82 Jahren in Köln.

Hans-Jürgen Wischnewski

3.4 »Köpfe runter, wo sind die Schweine!?«

Dieter Fox war an der Verfolgung, Planung und Erstürmung der »Landshut« direkt beteiligt. Ein Insider-Bericht aus erster Hand der »Operation Feuerzauber«.
Am 13. Oktober 1977, dem Tag der »Landshut«-Entführung, war die gesamte GSG 9 mit der Durchsuchung eines Studenten-Hochhauses in Köln auf der Suche nach dem entführten Arbeitgeberpräsidenten Hans-Martin Schleyer beschäftigt. Die von den Terroristen für ihre Tat verwendeten Fahrzeuge wurden in der Tiefgarage des Hochhauses entdeckt und auch die als Versteck genutzte Wohnung gefunden – allerdings waren die RAF-Terroristen mit ihrem Opfer bereits in eine neue Unterkunft weitergezogen.
Es war am frühen Nachmittag des Tages, als GSG 9-Kommandeur Ulrich Wegener die kurze Mitteilung des Innenministeriums in Bonn erreichte, dass eine Maschine der Lufthansa auf dem Flug von Palma de Mallorca nach Frankfurt aus noch unbekanntem Grund ihren Kurs geändert hat. Da die Durchsuchung des Hochhauses bereits kurz vor ihrem Abschluss stand, rief Wegener in Vorahnung der Ereignisse die Einheitsführer zusammen, als er bereits die nächste Info erhielt: »Flug LH 181 ist mutmaßlich entführt worden«. Ohne zu zögern ordnete Wegener an, dass die GSG 9 in die Heimatkaserne nach Sankt Augustin zurückkehrt, sich dort auf einen möglichen Einsatz vorbereitet, und die Lage abwartet. Wieder vergingen nur Minuten bis Wegener erfuhr, dass die »Landshut« von Palästinensern entführt wurde und sich, anstatt nach Frankfurt, auf dem Weg nach Rom befindet.
Umgehend wurden die Einheitsführer vom Kommandeur beauftragt, Freiwillige aus ihren Teams auszusuchen, die zusammen mit ihrer Ausrüstung per Hubschrauber von Stankt Augustin zum Flughafen Köln/Bonn geflogen wurden, wo eine aus Frankfurt nach Köln/Bonn überführte Boeing 727 der Lufthansa auf sie wartete, wie es die offizielle Dokumentation der damaligen Bundesregierung beschreibt, und gegen 22:00 Uhr mit den Elitepolizisten an Bord abhob. Dieter Fox, einer der leitenden GSG 9-Männer der »Operation Feuerzauber«, erinnert sich: »Alles musste sehr schnell gehen. Ich suchte mir binnen Minuten ein Dutzend Männer meiner zweiten Einheit aus und schon ging es auf Verfolgungsjagd des entführten Fluges LH 181.« Zunächst nahm das GSG 9-Team Kurs auf Rom, das die »Landshut« jedoch bereits wieder verlassen hatte, als sich die Maschine mit der Spezialeinheit der Bundespolizei an Bord der italienischen Hauptstadt näherte. So verzichtete man auf eine Landung in Italien und steuerte direkt das zypriotische Larnaca an, auf dem die entführte Lufthansa-Maschine als zweiter Destination ihres Irrfluges gelandet war. Der Süden Zyperns, das

erst 1960 von Großbritannien unabhängig wurde und dessen nördliche Hälfte 1974 türkische Truppen annektierten, verfügt bis heute über zwei große, zu Großbritannien gehörende Enklaven, auf denen sich Stützpunkte der britischen Streitkräfte befinden. So war es auch nicht verwunderlich, dass ein britischer Offizier während des Stopps der GSG 9 an Bord der Boeing kam, während das Verfolgerteam bei den Offiziellen in Larnaca versuchte, erste Informationen über LH 181 zu sammeln. »Wir hatten unsere polizeiliche Ausrüstung in große Kisten verpackt und mit Tüchern in der Kabine abgedeckt. Ein britischer Offizier kam an Bord und klopfte mit seinem Offiziersstab auf die Kisten, doch obgleich wir merkten, dass er genau wusste, was sich darunter verbirgt, ließ er uns unbehelligt weiterfliegen«, beschreibt Fox die erste brisante Begebenheit auf dieser Mission. Während die »Landshut« Kurs auf Bahrain nahm, war der nächste Stopp der Verfolger die türkische Hauptstadt Ankara, da die Terroristen neben eines Lösegelds in Höhe von 15 Millionen D-Mark und der Freilassung von elf in Deutschland einsitzenden RAF-Häftlingen, mit der Entführung auch die Freilassung von zwei palästinensischen Gefangenen aus türkischer Haft erreichen woll-

Wenige Stunden nachdem diese Aufnahme auf dem Flughafen von Mogadischu entstand, hatte das Leiden der zu jenem Zeitpunkt noch 86 Geiseln mit der Erstürmung der Maschine durch die GSG 9 ein Ende. (Lufthansa)

ten. »Wir haben uns anderthalb Tage mit Militärs und Polizei in Ankara unterhalten, doch konnten wir keine konkreten Informationen erlangen, wie der türkische Staat zu diesen Forderungen steht«, weiß Fox. Da weder beim Aufenthalt in Larnaca, noch in Ankara weiterführende Erkenntnisse gewonnen werden konnten, beorderte die Bundesregierung die GSG 9 vorläufig in ihre Kaserne nach Sankt Augustin zurück.
Alle an Bord der Boeing 727 kehrten zurück, bis auf ein kleines Team, zu dem auch Dieter Fox gehörte. Auf Anweisung von Bundeskanzler Helmut Schmidt und seines besonders in arabischen Staaten hoch angesehenen Staatssekretärs Hans-Jürgen Wischnewski stiegen sie in einen nach Ankara nachgereisten Business Jet des deutschen Luftfahrt Bundesamtes (LBA) um, der GSG 9-Kommandeur Ulrich Wegener, seinen Adjutanten Baum, Unterführer Fox sowie Mitarbeiter des Bundeskriminalamtes und des Bundesministeriums des Inneren aufnahm. Fox: »Ich hatte eine dicke Winterjacke dabei, da es in Deutschland bereits Herbst und sehr kalt war – und nun sollte die Reise in den heißen Nahen Osten weitergehen, so dass ich mir zunächst einmal dünnere Kleidungsstücke von Kameraden leihen musste. Das Schlimmste war jedoch, dass ich wegen des beengten Platzes in dem kleinen Jet meine persönliche Ausrüstung, einschließlich meiner Waffen in der großen Boeing zurücklassen musste, die damit nach Deutschland zurückflog.«
Nachdem es bereits in Ankara vorrangig um diplomatische Bemühungen ging, hatte das Erkundungsteam beim nächsten Stopp in der iranischen Hauptstadt Teheran erneut den Auftrag, die Meinung der dortigen Regierung zu einer möglichen GSG 9-Befreiungsaktion auf arabischem Boden in Erfahrung zu bringen. Der Iran war auf Grund seines großen politischen und religiösen Einflusses in der Golfregion ein wichtiger Eckstein bei der Genehmigung eines deutschen Polizei-Einsatzes in einem arabischen Land. Kurz vor dem Ende des Schah-Regimes war jedoch niemand in der iranischen Regierung bereit, eine Pro- oder Kontra-Haltung einzunehmen, die ihm nach der erwarteten Machtübernahme durch Ajatollah Khomeini im Nachhinein zum Vorwurf gemacht werden könnte.
Kaum vom Regierungsviertel zum Flugzeug zurückgekehrt, erreichte das Expeditionsteam bereits die nächste Reiseorder aus Deutschland: »Fliegt nach Dubai.« Nicht nur der Sonderbeauftrage der Bundesregierung, Wischnewski, der auf Grund seiner exzellenten Kontakte in die arabische Welt den Beinamen »Ben Wisch« erhielt, sondern auch die entführte »Landshut« waren auf dem internationalen Verkehrsflughafen des Golfstaates angekommen.
Mittlerweile war dies bereits der dritte Tag der Entführung, und das Erkundungsteam konnte sich nur ausmalen, welche Qualen die in der »Landshut« gefangenen Geiseln

Der GSG 9-Beamte Dieter Fox gehörte zu dem diplomatischen Verfolgerteam der entführten Lufthansa-Maschine, das in diversen Staaten des Nahen Ostens erkundete, ob sie einer Erstürmung der Maschine durch eine deutsche Polizeieinheit auf fremden Boden zustimmen würden. (Dieter Fox, privat)

erleiden mussten. Nicht zuletzt nach dem Ausfall der Klimaanlage, was in der gleißenden Wüstensonne zu einer schier unerträglichen Hitze in der Kabine führte. Um vor Ort bereits eine Befreiungsaktion zu ermöglichen, verhandelten Wischnewski und Wegener mit Muhammad bin Raschid Al Maktum, damaliger Verteidigungsminister und heutiger Herrscher des Emirats Dubai, über den Einsatz der GSG 9. Al Maktum bestand jedoch darauf, dass jegliche Operation gemeinsam mit den Streitkräften Dubais stattfindet, woraufhin Wegener, Baum und Fox mit den von britischen Söldnern der Spezialeinheit »Special Air Service« (SAS) angeführten lokalen Soldaten das Training aufnahmen. Noch heute erinnert sich Fox an das sich ihm bietende Schauspiel mit Schaudern: »Es war eine Katastrophe. Sie kamen mit Hilfe ihrer britischen

Auf Veranlassung der Bundesregierung startete am 13. Oktober um 19:55 Uhr eine Boeing 727 der Lufthansa in Frankfurt/Main. An Bord befanden sich zunächst ausschließlich Beamte des Bundesinnenministeriums sowie des Bundeskriminalamtes. Bei einer ersten Zwischenlandung in Köln/Bonn kamen Beamte der GSG 9 dazu. Gegen 22:00 Uhr nahm das Team mit dem erneuten Start offiziell die Verfolgung der »Landshut« auf. (Lufthansa)

Ausbilder zwar an Bord einer zur Übung bereitgestellten 737 der Gulf Air, doch hatten sie dann keinen Plan, was sie in der direkten Konfrontation mit den Entführern tun sollten. Man merkte den arabischen Soldaten zudem an, dass sie Bedenken hatten, gegen ihre Glaubensbrüder zu kämpfen. Es fehlte außerdem an geeigneten Leitern zur Erstürmung der Maschine. Ganz abgesehen von einer Taktik, die Wegener, Baum und ich nun binnen zwei Stunden vermitteln sollten.« Zu allem Unglück war die Kabineneinrichtung der Gulf Air-Trainingsmaschine, wie Toiletten, Küchen und Vorratsschränke im Vergleich zu einer Lufthansa-Boeing seitenverkehrt eingebaut. Darauf wies Lufthansa 737-Flottenchef Peter H. Heldt hin, der wie Lufthansa-Chefpilot Martin Gaebel ebenfalls vor Ort war. Auch Ulrich Wegener zeigte sich schockiert und meinte resignierend zu Dieter Fox gewandt: »Oh Gott, das gibt ein Massaker ohne Gleichen«. Für die deutsche Delegation stand fest, dass ein so chaotisch durchgeführter Zugriff zu vielen Toten führen wird, und selbst mit einer Sprengung des Flugzeugs zu rechnen sei. Doch alle Bemühungen seitens Wegener und Wischnewski, den Zugriffsplan zu stoppen, waren vergeblich – Muhammad bin Raschid Al Maktum wollte die Sache in Dubai mit seinen eigenen Soldaten beenden. Was der Scheich nicht wusste: die GSG 9 war schon lange nicht mehr in ihrer Kaserne in Sankt Augustin, sondern befand sich bereits an Bord der Lufthansa-Boeing 707-330B mit dem Kennzeichen D-ABUB und Taufnamen »Stuttgart« rund zwei Flugstunden von Dubai entfernt – allerdings unter Umständen zu weit, um noch in die Erstürmung planvoll eingreifen zu können. So blieb dem Vorauskommando bestehend aus Wegener, Baum und Fox nur abzuwarten, und zu hoffen, dass es zu keiner Katastrophe kommen würde. Doch wenig später, Dieter Fox wollte im ersten Moment seinen Augen kaum trauen, setzte sich die mittlerweile aufgetankte »Landshut« in den frühen Nachmittagsstunden in Bewegung und hob mit zunächst unbekanntem Ziel in Dubai ab. Die Situation schien gerettet, doch hatte der Zwischenstopp für Flugkapitän Jür-

Die Boeing 707-330B der Lufthansa mit dem Kennzeichen D-ABOX diente dem Team um Hans-Jürgen Wischnewski für seine Reisediplomatie im Nahen Osten, die eine unblutige Beendigung der »Landshut«-Entführung zum Ziel hatte. (Lufthansa)

»Köpfe runter, wo sind die Schweine!?«

Mit der weiteren Lufthansa 707-330B mit der Registrierung D-ABUB traf die GSG 9 am Abend des 17. Oktobers zur Befreiungsaktion in Mogadischu ein. (Lufthansa)

gen Schumann ernsthafte Konsequenzen. Nachdem er eine Geheimnachricht über die Anzahl und das Geschlecht der Entführer herausgeschmuggelt hatte, verriet der heutige Herrscher des Emirats diese brisante Information am 16. Oktober in einem Fernsehinterview. Die Nachricht verbreitete sich schnell über Radio, und gelangte somit auch an Bord der »Landshut«, was zu einem Tobsuchtsanfall des Anführers Mahmud und der Demütigung Schumanns vor den Augen aller übrigen Geiseln führte.

Doch erst einmal war die »Landshut« einer Katastrophe entgangen und das Erkundungsteam der GSG 9 setzte die Reise an Bord der Lufthansa 707-330B »Köln« mit dem Kennzeichen D-ABOX von Hans-Jürgen Wischnewski fort. Zuvor ging jedoch die Lufthansa-Kabinenchefin in Dubai shoppen. Nicht für sich selbst, sondern, um dem GSG 9-Vorausteam endlich frische, der Hitze angepasste Kleidung zu beschaffen. Während das entführte Flugzeug Kurs auf die jemenitische Hauptstadt Aden nahm, steuerte die »Ben Wisch-Boeing« das saudi-arabische Jeddah an. Bei dem damals wie heute politischen wie wirtschaftlichen Schwergewicht unter den arabischen

Staaten versicherte sich Wischnewski, stellvertretend für die Bundesregierung abermals die Duldung eines Zugriffs seitens der GSG 9. Dieter Fox: »Die Saudis meinten, dass wir machen sollen, was wir für richtig halten. Eine Einmischung ihrerseits war ihnen mittlerweile politisch zu heikel.« Dies war das finale Signal auf das Bundeskanzler Helmut Schmidt nur gewartet hatte. Nachdem die »Landshut« die somalische Hauptstadt Mogadischu erreicht hatte, lautete die Anweisung aus dem Kanzleramt: »Fliegt hinterher, und seht, was ihr erreichen könnt.«

Wie viele Staaten der Region war Somalia im Jahr 1977 eine Diktatur, die sich zudem im Kriegszustand mit dem Nachbarland Äthiopien befand. Die Bevölkerung litt damals wie heute unter Armut, Hunger und fehlenden Bildungsmöglichkeiten. Mohamed Siad Barre war 1969 durch einen Militärputsch an die Macht gelangt und führte sein Land mit brutaler Hand. Die Entführer währten sich in Somalia auf sicherem Boden, da Barre mit diversen Terror-Organisationen sympathisierte und auch radikale Gruppen rund um die palästinensische Befreiungsorganisation PLO unterstützte. Dennoch gewährte Somalia nicht nur der ersten Lufthansa 707 D-ABUB des Verhandlungsteams, sondern auch wenig später der D-ABOX, mit der fast vollzähligen GSG 9 an Bord, die Landeerlaubnis.

Dieter Fox erinnert sich: »Jeder im Team wusste, dass dies die letzte Chance auf eine Befreiung der Menschen an Bord der »Landshut« ist. Wäre hier vor Ort keine Entscheidung herbeigeführt worden, hätten wir unverrichteter Dinge wieder nach Deutschland zurückfliegen müssen.«

Einen ersten Blick von Nahem auf die entführte Maschine konnte das Vorauskommando durch ein fliegerisches Husarenstück des Lufthansa 707-Piloten Peter Rogowski erhaschen. Er setzte die Maschine in den Mittagsstunden des 17. Oktober so frühzeitig auf der Runway von Mogadischu auf und bremste sie derart stark ab, dass die unmittelbar neben der Piste stehende »Landshut« bei geringer Geschwindigkeit passiert und von den Elitepolizisten für eine kurzen Augenblick von Nahem observiert werden konnte. »Leider war jedoch nur wenig zu erkennen, da sämtliche Jalousien in der Kabine und auch die Türen verschlossen waren«, erinnert sich Fox.

Obgleich das GSG 9-Team über Diplomatenpässe verfügte, wurden sämtliche Ausweisdokumente nach dem Erreichen der Parkposition auf dem zivilen Teil des Flughafens von den somalischen Behörden eingezogen. Einzig Wischnewski, der auch in Somalia kein Unbekannter war, durfte seinen Pass behalten. Während das Militär die Maschine umstellte, wurden Wegener, Baum und Fox in ein nahe gelegenes Hotel gebracht und dort von bewaffneten, vor ihren Einzelzimmern postierten Soldaten bewacht. Eine Kontaktmöglichkeit untereinander zum Austausch von Informationen

Dieter Fox verantwortete als Truppführer die Erstürmung der »Landshut« über die Tür hinten rechts. Nachdem um 00:00 Uhr die Leitern an den vier Türen und Tragflächen angelegt waren, erging um 00:05 Uhr von Wegener das Kommando zum Sturm: »Feuerzauber«! (Dr. John Provan)

Rechts: Dies ist die originale Lufthansa Boeing 737-230 Sicherheitskarte des Jahres 1977. Sie zeigt die Öffnungsmechanismen für die Fluggäste der vier »Landshut«-Türen (Exit A) und der beiden Notausgänge (Exit B) über den Tragflächen. (Sammlung Thomas Wüstneck)

bestand nicht. Nachdem Wegener zu Gesprächen mit dem somalischen Generalstabschef abgeholt wurde, kehrte er Stunden später zum Hotel zurück, um gemeinsam mit Baum und Fox zum Flughafen gebracht zu werden. Dort sollten die drei deutschen Polizisten einer Flugzeugerstürmung durch eine somalische Eliteeinheit beiwohnen. Fox: »Auf dem militärischen Teil des Flughafens stand eine alte russische Maschine, die nun mit Hilfe von verrosteten Metalleitern sowie einer Holzleiter geentert werden sollte. Die Metallleitern passten nicht und die hölzerne Leiter brach bereits

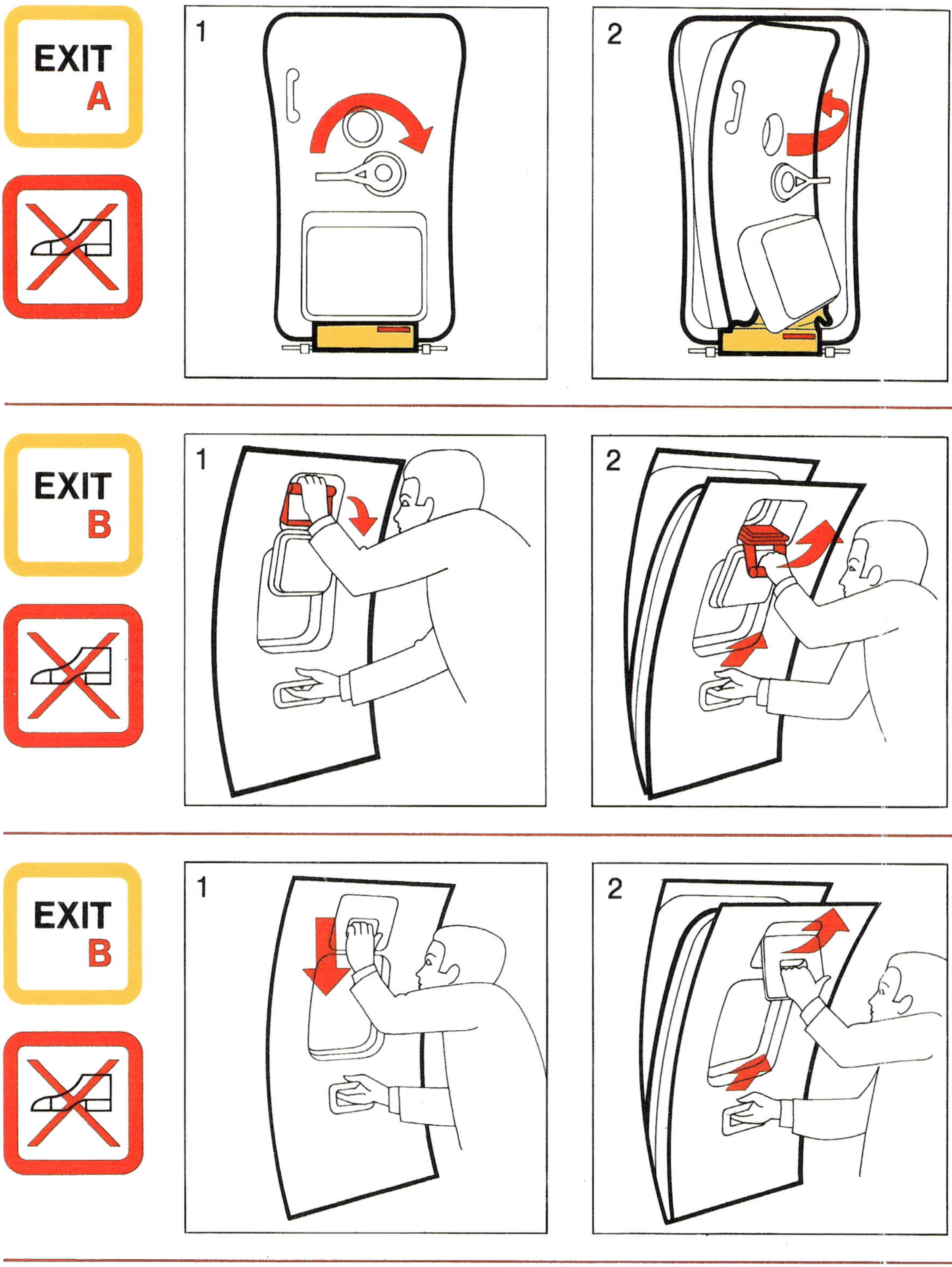

»Köpfe runter, wo sind die Schweine!?«

nach kurzer Zeit unter dem Gewicht der Männer zusammen – keiner der Soldaten konnte auch nur eine der Kabinentüren öffnen. Wegener, Baum und ich haben dann an der 707 demonstriert wie wir dies machen, woraufhin der Generalstabschef nach Rücksprache mit Barre kurzerhand feststellte, dass die GSG 9 die Erstürmung allein durchführen solle.«

Die letzte politische Hürde wurde mit Fernschreiben zwischen Bundeskanzler Helmut Schmidt und Barre aus dem Weg geräumt, in dem Somalia für die Zeit der deutschen Polizeioperation seine Staatssouveränität aufhob. Zu jenem Zeitpunkt kreiste die zweite Lufthansa Boeing 707 der GSG 9 über dem Luftraum von Djibouti und nahm nach dem finalen »Go« direkten Kurs auf Mogadischu.

Alles schien auf einem guten Weg, als die »Operation Feuerzauber« beinahe unvermittelt im Desaster geendet hätte, noch bevor sie richtig begann. Wegener, Baum und Fox wurden nach Klärung der Einsatzhoheit wieder in ihr Hotel zurückgebracht, wo sie ihre persönlichen Sachen abholten und auf der Rückbank eines kleinen Jeeps erneut zurück zum Flughafen gefahren wurden. Um ein paar Minuten Fahrzeit zu sparen, traf der vorne sitzende Major der somalischen Streitkräfte die folgenschwere Entscheidung, eine Abkürzung über den militärischen Teil des Flughafens zu nehmen. Fox erinnert sich: »Der erste Schlagbaum wurde für uns problemlos geöffnet, doch dann kamen wir zu einem zweiten Schlagbaum, der von zwei Soldaten mit Kalashnikows im Anschlag gesichert wurde. Nun wurde der Major aufgefordert, das Kennwort für das Passieren zu nennen – das er nicht kannte! Beide Posten luden daraufhin ihre Waffen durch und fragten ein zweites Mal. Doch wieder erfolgte keine richtige Antwort des sichtlich nervöser werdenden Offiziers. In jenem Moment öffnete sich die Tür des Wachpostens und es trat ein weiterer Offizier heraus, der sich nach der Ursache des Lärms erkundigte. Zu unserem großen Glück kannten sich die beiden Offiziere und wir durften passieren. Wäre auch die dritte Frage nach dem Kennwort nicht richtig beantwortet worden, so erfuhren wir später, hätten die Posten laut Befehl auf uns schießen müssen. Das wäre unser sicherer Tod – und vermutlich das vorzeitige Ende der Operation in Mogadischu – gewesen!«

Nach diesem Horrorerlebnis lockerte sich die Stimmung unter den GSG 9-Einsatzleitern schnell wieder auf, als sie die zweite Lufthansa 707 mit der übrigen Mannschaft an Bord über sich einschweben sahen. Dieter Fox wurde von Wegener beauftragt, die frisch eingetroffenen Kameraden noch an Bord der D-ABOX über den aktuellen Stand zu informieren, doch blickte er nicht wie erwartet in die vertrauten Gesichter seiner 2. Einheit. Wie er erfuhr, musste diese in Sankt Augustin zurückbleiben, um für eine eventuelle Schleyer-Befreiung zur Verfügung zu stehen. Nur die ersten und dritten Einheiten wurde nach Mogadischu entsandt. »Das hat mir erst einmal die Luft genommen, denn ich wollte meinen vertrauten Trupp beim Zugriff führen. Glücklicherweise setzte sich Wegener über alle Vorgaben hinweg und bestimmte, dass ich dennoch ein eigenes Team bekomme und nicht zum Zuschauen verdammt war, wie dies die Vorschriften eigentlich bestimmt hätten«, erläutert der einstige Elitepolizist. Nach abschließendem Zugriffstraining an einer der beiden Boeing 707 war es inzwischen dunkel geworden und noch vier Stunden bis zu dem um Mitternacht geplanten Zugriff Zeit. Einige der Männer spielten zur Ablenkung Karten, andere dösten, um für die bevorstehende Aufgabe physisch und psychisch fit zu sein. Doch für alle fühlte es sich wie eine Ewigkeit an. Da es noch keine Camouflage-Stifte gab, tarnte sich die GSG 9 mit schwarzem Ruß, der aus in der 707-Bordtoilette verbranntem Papier im Waschbecken mit Wasser vermischt wurde. Fox: »Das war jedoch nicht optimal, denn selbst nachts betrug die Temperatur noch fast 30 Grad Celsius – dazu die Feuchtigkeit des nahen Ozeans. Wir schwitzten unglaublich, und die auf allen hellen Hautpartien aufgebrachte Tarnung floss davon!«

Nachdem bereits rund eine Stunde zuvor Aufklärungstrupps und Scharfschützen in Position gegangen waren, erteilte Wegener um 23:00 Uhr den Marschbefehl zu Fuß vom militärischen in den zivilen Teil des Flughafens auf dem die »Landshut« stand. Fox: »Das war ein langer Weg, denn wir mussten uns von hinten im Schlagschatten des Flugzeugs nähern, um nicht entdeckt zu werden. Der Marsch führte stellenweise durch Gestrüpp, das, wie wir später erfuhren, voll mit Giftschlangen war. Zum Glück wurde niemand gebissen! Plötzlich, wir waren keine 100 Meter mehr vom Flugzeug entfernt, stieg ein großer, einen schrillen Lärm in der ansonsten völlig stillen Nacht verursachender Vogelschwarm in den Himmel, den wir unwissend aufgescheucht hatten. Sofort knieten wir nieder und warteten zunächst ab, ob sich eine Tür öffnen würde oder jemand durch eine nach oben gezogene Jalousie heraus schaut, um die Lage zu prüfen. Aber nichts passierte. Wie uns später Copilot Jürgen Vietor erzählte, konnte man die Vögel im Inneren zum Glück nicht hören!« Dieter Fox ist weder abergläubisch noch esoterisch orientiert. Dennoch lässt ihn ein weiteres Ereignis vor dem Zugriff bis heute nicht los: »Plötzlich leuchtete eine riesige Sternschnuppe auf und überquerte den Himmel von Ost nach West. Ich dachte mir, dass es so in Bethlehem zu Weihnachten gewesen sein muss. Da war ich mir sicher, dass wir es schaffen.«

23:30 Uhr erreichten die Zugriffskräfte die »Landshut«. Dass unmittelbar vor dem Zugriff die Funkgeräte versagten, war dann nur noch eine weitere Randnotiz, denn die GSG 9 war in der Weitergabe von Befehlen per Handzeichen geschult und stellte die Kommunikation blitzschnell darauf um. Um 23:50 Uhr entzündeten somalische Soldaten in Absprache mit der deutschen Einsatzleitung ein Ablenkungsfeuer weit vor dem Flugzeug, das seinen Sinn erfüllte, die Entführer in den vorderen Teil des Flugzeugs zu locken. Nachdem um 00:00 Uhr die Leitern an den vier Türen und Tragflächen angelegt waren, erging um 00:05 Uhr von Wegener das Kommando zum Sturm: »Feuerzauber«! Zwei Männer der britischen Spezialeinheit SAS zündeten sofort zwei Blendgranaten vor dem Flugzeug und zwei weitere unter den Tragflächen, deren Lärm und Blendwirkung die Terroristen an Bord im ersten, für den Erfolg der Operation so entscheidenden Moment, ausschaltete. Parallel dazu erfolgte die Erstürmung der Maschine. Der vorne rechts eingesetzte Trupp 2 konnte die Tür nicht öffnen, da sie von Kartons und Müll in der Bordküche blockiert war und schloss sich, wie im Training oft geübt, dem vorne links stürmenden Trupp 1 an. Dieter Fox, der als Truppführer die Tür hinten rechts verantwortete, erklärt: »Die Bekämpfung der Terroristen, die sich im Cockpit sowie im vorderen bis mittleren Bereich der Kabine aufhielten, dauerte nur eine Minute. Ich schrie meinen legendären Satz: ‚Köpfe runter, wo sind die Schweine!', damit die Geiseln deutsche Stimmen hören und wissen, dass ihre Befreiung anläuft. Auch wollte ich damit verhindern, dass eine Geisel vor Freude aufspringt und in die Schussbahn gerät. Noch während des Feuerkampfes begannen wir mit der Evakuierung der Passagiere über die hinteren Türen und anschließend über die Notausgänge der Tragflächen. Einige Geiseln waren recht frisch, andere völlig apathisch. Aber auch darauf waren wir optimal vorbereitet, halfen ihnen die Leitern hinunter und leiteten sie anschließend zu einer gesicherten Sandkuhle, in der sich alle versammelten.«

Um 00:12 Uhr meldete Wegener das Codewort »Springtime« für den erfolgreichen Abschluss. Hans-Jürgen Wischnewski, der die Aktion vom Flughafen-Tower aus verfolgte, benachrichtigte umgehend Bundeskanzler Schmidt in Bonn.

Zunächst ging die GSG 9 davon aus, dass alle vier Terroristen im Kugelhagel gestorben waren. Doch nach kurzer Zeit begann sich Souhaila Andrawes zu bewegen und zu stöhnen, woraufhin Sanitäter sie ins Flughafenterminal und dann in ein Krankenhaus brachten, wo sie notoperiert wurde und als einzige der vier Entführer überlebte. Dieter Fox legt auf eine Feststellung großen Wert: »Wir sind nicht ausgebildet worden, um Menschen zu töten, sondern um Gefahrensituationen abzuwenden. Andrawes zu töten, nachdem sie Lebenszeichen zeigte, wäre Mord gewesen.« Und mit noch einem Mythos räumt Dieter Fox auf: »Die beiden Kollegen der britischen SAS-Eliteeinheit waren bis auf den Wurf der vier von ihnen mitgebrachten und für den Einsatz gegen die IRA in Nordirland entwickelten Blendgranaten nicht an der Erstürmung der »Landshut« beteiligt. Auch wenn sie dafür später mit dem britischen

Die Entführung der »Landshut« war eine enorme psychische Belastung für sämtliche Lufthanseaten. Schließlich musste der Flugbetrieb weiterlaufen, während sie um das Wohlergehen ihrer Kollegen und jenes der an Bord festgehaltenen Geiseln bangten. Im Bild eine Alltagsszene. (Lufthansa)

Hosenbandorden ausgezeichnet wurden. Sie hatten versucht, Kommandeur Wegener unmittelbar vor dem Zugriff von ihrer eigenen, britischen Taktik im Flugzeugsturm zu überzeugen und so das Kommando zu übernehmen, doch ließ Wegener dies nicht zu. Unsere Taktik bei der Flugzeugerstürmung hat sich bewährt und wird im Gegensatz zu der damaligen britischen Variante heutzutage von Spezialeinheiten rund um den Globus eingesetzt.«

Im Rückblick war für Dieter Fox bei der Erstürmung der »Landshut« 50 Prozent Können und 50 Prozent Glück im Spiel. In seiner Erinnerung lief der Einsatz wie eine der oft durchgespielten und fast im Schlaf beherrschten Übungsszenarien ab. Im Gegensatz zu heutigen High-Tech-Geräten, die es ermöglichen, selbst Gespräche im Inneren eines entführten Flugzeugs mitzuhören und somit zu wissen, wo sich die Entführer aufhalten, konnte dies die GSG 9 im Jahr 1977 nur erahnen. Die einzige gesicherte Erkenntnis war, dass die Terroristen erschöpft waren, und es wurde vermutet, dass »Captain« Mahmud sich im Cockpit befand, weitere Entführer in der First

Class ruhten oder den hinteren Bereich der Kabine absicherten. Auf Grund dieser Annahme erwartete die GSG 9 drei mögliche Feuerkämpfe – im vorderen, mittleren und hinteren Bereich der Kabine. Um sich möglicherweise versteckende Terroristen sofort auszuschalten, schossen das Team von Fox sowie das gegenüberliegende Team jeweils in die gegenüberliegende hintere Toilette sowie in den Vorratsschrank, in dem sich noch wenige Stunden zuvor die Leiche von Flugkapitän Schumann befunden hatte, bevor sie über eine Notrutsche aus dem Flugzeug gebracht wurde. Doch nicht im Heck sondern in der vorne befindlichen First Class, in der vorderen Bordtoilette sowie im Cockpit hielten sich die vier Terroristen auf und wurden dort durch das Können der GSG 9 binnen 60 Sekunden an einer Reaktion gehindert.

In die Kategorie »Glück« fällt hingegen, dass die Entführer den über den vier Türen angebrachten Sprengstoff erst kurz vor der Erstürmung durch die Entfernung der Zündkabel deaktiviert hatten, da ihnen die Erfüllung ihrer Forderungen von der Bundesregierung vorgegaukelt wurde. Dessen Zündung hätte sowohl die stürmenden Polizisten als auch Geiseln zumindest schwer verletzen – vermutlich sogar töten können. Glück im Unglück hatte auch ein GSG 9-Beamter, der einen Halsdurchschuss erlitt. »Hätte die Kugel eine minimal andere Flugbahn genommen, wäre zwei bis drei Millimeter weiter links oder rechts durch den Hals gedrungen, wäre der Kamerad tot gewesen«, betont Fox. Aber so verfehlte der von Andrawes abgegebene Schuss nicht nur den Kehlkopf, sondern auch die Stimmritzen und die Halsschlagader des Polizeibeamten und wurde damit zu einer der vielen glücklichen Begebenheiten der »Operation Feuerzauber«.

Dieter J. Fox

(Dieter Fox, privat)

ist ein ehemaliger Bundespolizeibeamter mit 20 Dienstjahren, davon 14 Jahre in dem Spezialverband des Bundes, der GSG 9. Als Einsatztruppführer in dieser Spezialeinheit erwarb er sich neben langjähriger Einsatzerfahrung ein hohes Fachwissen als Ausbilder und Trainer in den Bereichen Spezialschießausbildung, Personenschutz, der taktischen Ausbildung sowie in den sensiblen Bereichen der Lagebeurteilung und der Sicherheitsanalysen.

Neben verschiedenen Ausbildungsberatungen und Unterstützungen für Spezialeinheiten weltweit sowie Einsätzen unterschiedlichster Art in ganz Deutschland nahm er 1977 als Angehöriger der GSG 9 an der Befreiungsaktion der »Landshut« in Mogadischu teil. Hierfür wurde er mit hohen Verdienstmedaillen der Bundesrepublik Deutschland und der Republik Österreich ausgezeichnet.

Nach seinem freiwilligen Ausscheiden 1986 aus der Bundespolizei / GSG 9 nahm er für zwei Jahre die Tätigkeit eines Personenschutzkoordinators für den US-Botschafter und seine Familie in Österreich sowie weiteren Ländern Europas wahr. Im Anschluss an diese Tätigkeit übernahm D. J. Fox die Funktion und Position eines Führungsdozenten in dem Fachbereich Personen- und Objektschutz (Prävention / Absicherung / Konzeptionen) in einem führenden deutschen Sicherheitsunternehmen.

Im Zeitraum 1992 – 1997 entstand durch ihn und einen weiteren Autor zum ersten Mal in dieser Form in Deutschland das »Arbeitshandbuch Personenschutz« mit zwei Auflagen. Als Geschäftsführer verließ er das Unternehmen aus eigenem Wunsch 2006, da ihm die Funktion eines »Leiters Sicherheit« in einem deutschen Großkonzern übertragen wurde.

3.5 Resilienz

Aribert Martin war als Mitglied der GSG 9 die rechte Hand von Dieter Fox bei der Erstürmung der »Landshut«. Er schildert seine ganz persönlichen Eindrücke.

Wie war Ihr Weg zur GSG 9?

Nach der Grundausbildung beim damaligen Bundesgrenzschutz erfuhr ich im Jahr 1975 von der GSG 9. Ohne Wissen meiner Vorgesetzten reiste ich zu einer Aufnahmeprüfung zum Standort der GSG 9 nach Sankt Augustin bei Bonn. Über wenige Wochen war ich einer von 20 Bewerbern, die aus rund 50 Aspiranten in die nähere Auswahl gekommen sind. Mit Beginn der Basisausbildung und bis Ende der darauffolgenden Spezialausbildung war ich einer von acht Kameraden die mit mir zusammen die Zugehörigkeitsprüfung zur GSG 9 bestanden hatten. Das Tätigkeitsabzeichen der GSG 9 mit Eichenlaub war die Anerkennung.

Welche Größe hatte die GSG 9 damals?

Es gab eine erste, zweite und dritte Einsatzeinheit mit jeweils rund 20 bis 25 GSG 9 Beamten. Zudem eine Ausbildungseinheit mit drei bis vier Ausbildern, eine Technikereinheit mit rund 15 Mitgliedern sowie einen Versorgungs- und Innendienst mit rund 30 Beamten. Nach meiner Erinnerung waren es zirka 130 Polizeivollzugsbeamte im Bundesgrenzschutz.

Was musste ein »normaler« Polizist des damaligen Bundesgrenzschutzes für einen Einsatz bei der GSG 9 mitbringen?

Es musste damals wie heute alles passen. Die körperliche und geistige Fitness und eine gute Resilienz, also psychische Widerstandsfähigkeit. Eine kooperative Gesinnung, ein mutiger Verstand und die entsprechende Contenance im Sinne der Haltung. Darunter versteht man als Teamplayer eine absolute Gemütsruhe bei voller situativer Aufmerksamkeit zu vermitteln. Selbstdisziplin, Selbstbeherrschung und Fassung lauten hierbei die Stichworte. Er musste gut schießen können und auch lernen in extremen Situationen den »Finger gerade zu lassen« – also nicht abzudrücken. In dieser Übung waren wir »Trainingsweltmeister« und man konnte sich auf seine Kameraden verlassen!

Training war sicher ohnehin eine der wichtigsten Grundlagen?

Ja, gerade bei einer Flugzeugentführung wie im Oktober 1977 waren natürlich die Vorbereitungen von enormer Wichtigkeit. Besonders das Öffnen der Flugzeugtüren und die taktische Vorgehensweise. Hier geht es letztendlich »Mann gegen Mann«. Üben, üben, üben bringt hier die Sicherheit.

Aribert Martin kam im Jahr 1975 zur GSG 9 und war an der Erstürmung der »Landshut« direkt beteiligt. Als Teil eines Spezialeinsatztrupps war er als einer der Ersten durch die hintere rechte Kabinentür in der Maschine. (Dornier Museum)

Das fand alles unter dem Kommando von Ulrich Wegener statt?

Die Taktik der GSG 9 ist ein Führungsstil, der jedes Mitglied verantwortlich lässt. Ein Spezialeinsatztrupp (SET) ist ein eingeschworenes Team. Ulrich Wegener, damaliger Kommandeur der GSG 9, hat Unglaubliches aus meiner Sicht geleistet. Beispielsweise einen Einsatzbefehl richtig zu beurteilen und dann mit seinen Spezialeinsatzkräften korrekt auszuführen. Jeder war an seinem Platz!

Wie haben Sie den Zugriff auf die »Landshut« erlebt und wo kamen Sie zum Einsatz?

Als SET formiert, war ich mit als Erster durch den hinteren rechten Eingang in der Maschine. Auf einer angelegten Leiter hatte Kamerad Dieter Fox vor mir die Flugzeugtür geöffnet. Schnell in die Maschine eindringen zu können war ein wichtiger Moment für das Gelingen des Einsatzes. Im Anschluss daran ging es nur noch darum die Terroristen auszuschalten.

Worin bestand die herausragende List im Fall der »Landshut«?

Es gab sicherlich bei den Verhandlungen auf politischer Seite schon die eine oder andere List. Das Entscheidende für den Zugriff waren Blendgranaten die beim Zugriffskommando »Feuerzauber« gezündet wurden. Dadurch hatten wir Verwirrung gestiftet um die Terroristen abzulenken, während gleichzeitig die Türen geöffnet wurden und der Zugriff erfolgte. Das Überraschungsmoment hat sicherlich viele Tote verhindert, da man sehr schnell die Entführer ausschalten konnte.

Am Morgen des 18. Oktober 1977 berichtet der erschöpfte Regierungssprecher Klaus Bölling den anwesenden Pressevertretern über den glücklichen Ausgang der Befreiungsaktion in Mogadischu. (picture alliance / Associated Press / Fritz Reiss)

Was wussten Sie über den Aufenthaltsort der Terroristen an Bord?

Wir wussten, dass das Cockpit und der Raum davor ein Aufenthaltsort der Terroristen waren. Allerdings konnte keiner wissen, ob sich dort alle vier Personen beim Zugriff befinden würden.

Doch es war auch Glück im Spiel, dass es lediglich einen leicht verletzten GSG 9 Beamten gab!

Bei der GSG 9 waren wir in Mogadischu positiv eingestellt und das prägte den gesamten Einsatz. Unsere Leute waren bestens ausgebildet, doch ein bisschen Glück gehörte natürlich auch dazu. Der Halsdurchschuss eines Kameraden hätte auch tödlich enden können – und direkt neben mir detonierte eine Handgranate. Zum Glück ohne Folgen für mich und meinen Kameraden Bernd. Sie kullerte unter einen Sitz wo kein Passagier saß. Mit solch brenzligen Situationen umzugehen, war Teil unserer Ausbildung.

Warum haben Sie die GSG 9 im Jahr 1980 wieder verlassen?

Ich habe mich nach fünf Jahren GSG 9 selbständig gemacht, um meinem Leben noch eine andere berufliche Perspektive zu geben. Diesen Schritt habe ich auch nie bereut. Dennoch pflege ich den Kontakt zu den ehemaligen Kameraden. Wir treffen uns ein, zwei Mal pro Jahr für private Events. Gerne in den Alpen oder auf einer Motorradtour. Eine solche Kameradschaft auch immer wieder mit den Aktiven zeichnet die GSG 9 aus.

Der »Deutsche Herbst« ist untrennbar mit dem damaligen Bundeskanzler Helmut Schmidt verbunden. Sind Sie ihm je begegnet?

Ja, und das auf SPD-Parteitagen zu denen ich als persönlicher Bodyguard zu Zeiten des »Deutschen Herbstes« zusammen mit einem Kollegen abgeordnet wurde.
Helmut Schmidt war ein großartiger Politiker und Staatsmann der alten Garde, der auch nicht davor zurückschreckte, schwierige politische Entscheidungen zu treffen.
Unvergessen ist für mich ein sehr emotionaler Moment mit Schmidt, den ich am 25. April 2013 anlässlich der Hanns Martin Schleyer-Preisverleihung in Stuttgart erlebte. Eingeladen zu einem persönlichen Gespräch fragte mich Helmut Schmidt: »Sag' mal, wie habt Ihr denn die Türen so leise öffnen können?« Nach kurzem Überlegen gab er sich selbst die Antwort: »Das habt Ihr doch geübt!« Dies war eine »Begegnung zweier Verbündeter«, die sich auch ohne viele Worte verstanden!

Gab es eine psychologische Betreuung des GSG 9-Teams nach der Rückkehr nach Deutschland?

Meines Wissens gab es keine. Wir gingen in der Einheit gleich wieder unserem Dienstplan nach. Persönlich hätte ich ein vertrauliches Gespräch über manche Begebenheiten, die ich als einer der Ersten hautnah in der Maschine erlebt habe, gut gefunden. Zum Schutz der Geiseln flogen drei Kollegen und ich mit deren Maschine nach Frankfurt zurück. Dies war auch ein ganz besonderes Erlebnis für mich.
Mir kommen immer wieder die Tränen wenn ich an den kleinen Jungen denke, der

zusammen mit seinem Papa neben mir auf diesem Rückflug in die Freiheit saß. Er erzählte mir: »Da hat es ‚Bumm' gemacht, dann ist der umgefallen« als er von der Ermordung von Flugkapitän Schumann erzählte, der direkt neben ihm erschossen wurde.

Seit ein paar Jahren halten Sie an bayerischen Schulen Vorträge über Ihre damaligen Erlebnisse. Welche Themen versuchen Sie den Schülern zu vermitteln?

Bei meinen Vorträgen als »Zeitzeuge Deutscher Herbst / Einsatz in Mogadischu« bin ich immer authentisch, was mir sehr wichtig ist. Mein Kernthema ist Demokratieverständnis, und, dass man keine Angst vor dem Leben haben darf. Dazu »situative Aufmerksamkeit« und das Thema Verantwortung zu übernehmen. Das Leben meistert man mit »üben, üben, üben«. Das hilft letztendlich immer und gibt ein sicheres Gefühl bei den sich stellenden Aufgaben und Herausforderungen des Lebens. Ein glückliches Leben bedarf einer einfachen Logik: »Wie man denkt, so ist man.«

Im Jahr 2017 kehrte die »Landshut« nach Deutschland zurück. Was halten Sie davon?

Ich habe mich damals riesig gefreut, dass der damalige Außenminister Siegmar Gabriel dies in die Wege geleitet hat. Für mich steht die »Landshut« als Symbol dafür, dass es sich lohnt, für unsere demokratische Grundordnung und Meinungsfreiheit zu kämpfen. Dies ist ein positives Signal. Heute mehr denn je – gerade an die Jugend! Wie gesagt, man muss vor nichts Angst haben!
Ich beschloss, bei der Ankunft der »Landshut« in Friedrichshafen dabei zu sein, und erhielt vor Ort spontan die Möglichkeit, die Entladung des »Landshut«-Rumpfes aus nächster Nähe zu beobachten.
Mein besonderer Dank gilt den Geiseln, der damaligen Stewardess Gabi von Lutzau und dem Copiloten Jürgen Vietor. Sie sind neben dem erschossenen Flugkapitän Schumann meine persönlichen Helden.
Ich bin froh und dankbar, mit all meinen Kameraden diesen Einsatz ohne tote Geiseln gemeistert zu haben. So war die erneute Begegnung mit diesem schicksalshaften Flugzeug ein unvergessliches Erlebnis. Es wird hoffentlich jetzt mit Friedrichshafen am Bodensee ein permanenter Platz für einen Erinnerungsort an den »Deutschen Herbst« 1977 gefunden worden sein.

3.6 Geringere Beschädigungen als erwartet

Der technische Zustand der D-ABCE nach der Entführung

Unmittelbar nach ihrer Rückkehr nach Deutschland inspizierte ein Luftfahrt-Ingenieur die Beschädigungen an der »Landshut« auf der technischen Basis der Lufthansa in Hamburg. Hier sein Augenzeugenbericht aus dem Oktober 1977.

»Nach der erfolgreichen Beendigung der Geiselnahme wurde die »Landshut« zunächst von Technikern der Somali Airlines noch in Mogadischu von den grauenvollen Hinterlassenschaften der Flugzeugentführung, vor allem in der Kabine, in den Küchen und Toiletten gereinigt und gründlich entlüftet. Erste technische Maßnahmen zur Feststellung der Lufttüchtigkeit für einen Überführungsflug nach Deutschland wurden gemäß vorhandener Vorschriften und Sonderkontrollen nach »harter Landung« durchgeführt und notwendige Beanstandungen behoben. Insgesamt war das Ausmaß der Beschädigungen geringer, als erwartet.

Im hinteren Eingangsbereich war die gesamte Kücheneinrichtung mit den Stauräumen stark beschädigt und wurde durch die Technikabteilung der Lufthansa in Hamburg komplett ausgetauscht. Einige Beschädigungen durch Schüsse befanden sich im Deckenbereich des hinteren Durchgangs zur Passagierkabine. Dort waren die verlaufenden Längsversteifungen (Stringer) an einigen Stellen durchschossen worden. Die Rumpfbeplankung war aber nicht betroffen.

Die Sprengwirkung der in der First Class gezündeten Handgranate hatte zum Glück keinen Schaden im Bereich über dem mittleren Flügeltank angerichtet, sondern ist über einem Fußbodenträger etwas weiter vorne detoniert. Die Druckwelle hatte die Fußbodenplatte durchschlagen und konnte somit in den vorderen Frachtraum entweichen.

Im vorderen Kabinenbereich zeugten einige Durchschüsse durch die Rückenpolster der Fluggastsitze von den Spuren der Vergangenheit. Eindrucksvoll war der Anblick der vorderen Toilettentür. Sie war von zahlreichen Einschusslöchern regelrecht durchsiebt. Die gesamte Toiletteneinheit wurde entsorgt und gegen eine neue Einheit ersetzt. Alle Strukturbeanstandungen konnten gemäß den Standartangaben des Reparaturhandbuchs, behoben werden.

Als Zeichen des Dankes für die geleistete Arbeit hatte Lufthansa die Kooperation mit Somali Airlines etwa bis zum Jahr 1989 fortgeführt, indem technische Unterstützung für den Flugbetrieb und die Instandhaltung von Boeing 707 Flugzeugen, auch aus Beständen der Lufthansa, gegeben wurde. Die Zusammenarbeit wurde erst beendet, nachdem ein Wartungsmeister der Lufthansa auf der Außenstation in Mogadischu von einem Einbrecher erschossen wurde.«

KAPITEL 4 – DIE GESCHICHTE DER BOEING 737 »LANDSHUT«

4.1 Der Lufthansa »Bobby«

Die Boeing 737 war das Ergebnis einer einzigartigen Kooperation Mitte der 1960er-Jahre zwischen dem Flugzeughersteller Boeing und der Deutschen Lufthansa. Dabei entstand das Design des Bestsellers nach zahlreichen Diskussionen zwischen den Boeing-Konstrukteuren in Seattle sowie der Technikabteilung der Lufthansa in Hamburg, die gemeinsam die Vor- und Nachteile der alternativen Entwürfe abwogen.

Am 22. Februar 1965 gab Lufthansa-Technikvorstand Gerhard Höltje auf einer Pressekonferenz in Hamburg bekannt, dass sich Lufthansa als Erstkundin für die Boeing 737 entschieden hat. Der Stückpreis der für Lufthansa maßgeschneiderten 737 der Serie »130« betrug 13,9 Millionen Deutsche Mark. Noch im gleichen Jahr startete Lufthansa unter ihren Mitarbeitern eine interne Namenssuche für eine griffige Bezeichnung ihrer bestellten 737-Flotte. Gewonnen hatte zunächst der Name »Olympia Jet«, der jedoch schnell von dem bis heute gebräuchlichen »City Jet« abgelöst wurde.

Am 9. April 1967 startete die erste Boeing 737-100 zu ihrem Jungfernflug auf dem Boeing-Werksflugplatz Renton, dem am 8. August des Jahres die erste 737-200 folgte. Nach Abschluss des achtmonatigen Flugversuchsprogramms, an dem sechs Flugzeuge beteiligt waren, die rund 14.000 Stunden in der Luft verbrachten, erhielten beide 737-Versionen am 15. Dezember 1967 die US-amerikanische Musterzulassung.

Der 27. Dezember 1967 war für Lufthansa ein großer Tag, als Boeing die erste 737 offiziell im Werk Renton an die deutsche Fluglinie übergab. Nach Besatzungsschulungen in Seattle und Tucson, Arizona, traf das erste Flugzeug kurz vor 10 Uhr vormittags am 4. Februar 1968 nach dem Überführungsflug von Seattle, mit Zwischenlandungen in Winnipeg, Montreal, Goose Bay und Keflavik auf der technischen Werft der Lufthansa in Hamburg-Fuhlsbüttel ein. Am 10. Februar 1968 feierte Lufthansa nicht nur die Weltpremiere des ersten Linienfluges einer Boeing 737, sondern führte auf diesem Flug auch ihr neues Erscheinungsbild mit einem blauen Leitwerk sowie

Lufthansa war nicht nur Erstkundin der Boeing 737, sondern wirkte im engen Zusammenspiel mit Boeing auch an deren Design mit. (Lufthansa)

einem im gelben Kreis fliegenden Kranich ein, das ihr Markenzeichen bis Anfang der 90er Jahre bleiben sollte.

Im Lauf der Jahrzehnte setzte Lufthansa insgesamt 148 Boeing 737 der Versionen -130, -230, -230 »advanced«, -330, -430 und -530 ein. Den Lufthansa intern gern genutzten Namen »Bobby« erwarb sich die 737 nach Veröffentlichung eines 1969 verfassten und für die kleinen Lufthansa-Passagiere herausgegebenen Kinderbuches mit dem Titel »Bobby Boeing's Abenteuer«. Auch wenn das Buch weitestgehend in Vergessenheit geraten ist, hat sich doch der Spitzname »Bobby« bis zuletzt für die 737 bei Lufthansa gehalten. Nach den finalen Linienflügen verabschiedete sich Lufthansa offiziell am 31. Oktober 2016 von »ihrer« Boeing 737. Der Sonderflug LH 9922 führte die Boeing 737-330 mit der Kennung D-ABEC und dem Taufnamen »Karls-

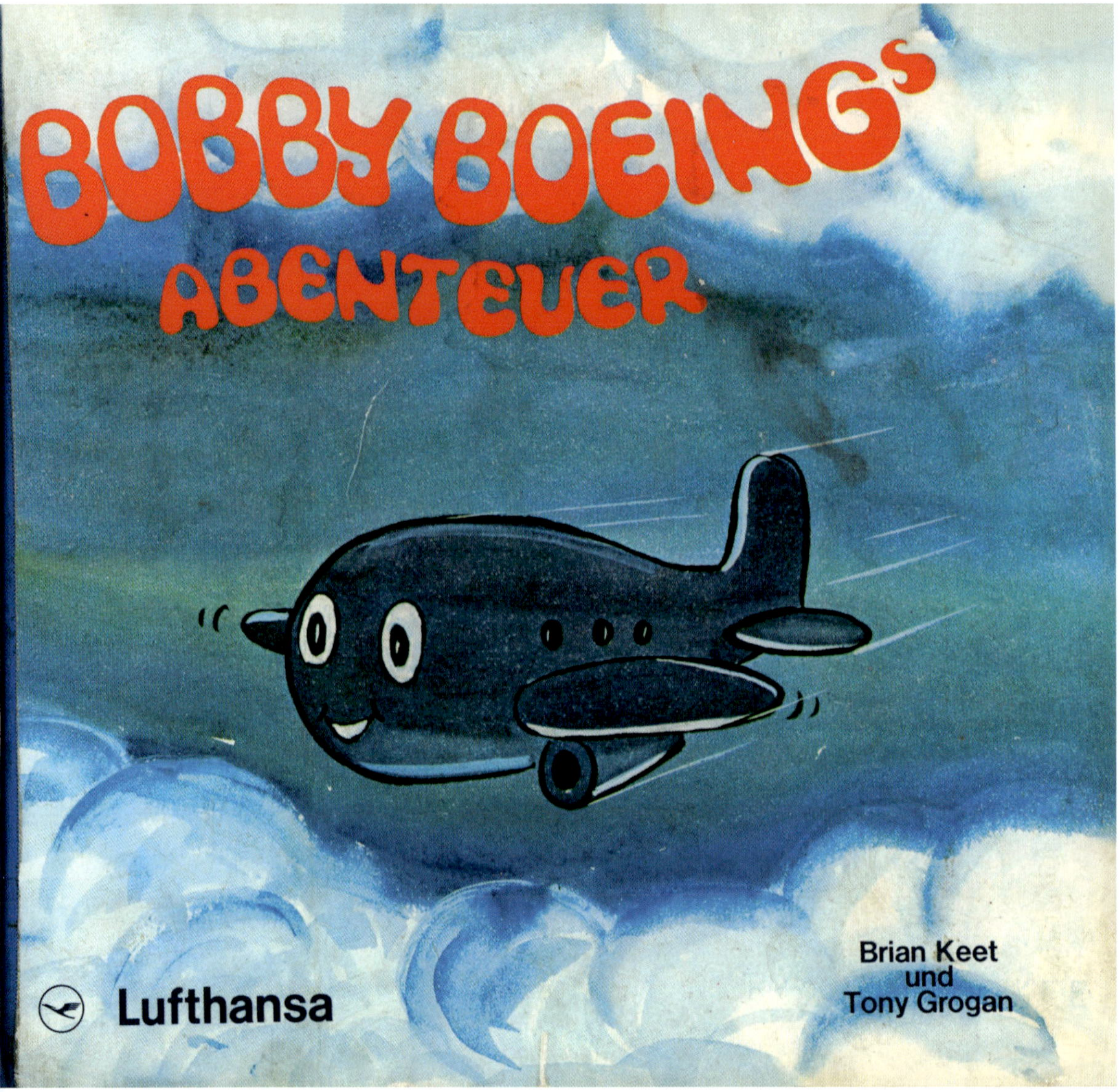

Das an Bord von Lufthansa-Flugzeugen im Jahr 1969 an Kinder verteilte Buch »Bobby Boeings Abenteuer« verlieh der 737 den unter Lufthansa-Mitarbeitern gebräuchlichen Kosenamen »Bobby«. (Lufthansa)

ruhe« von Frankfurt zur technischen Basis in Hamburg. Jenem Ort an dem Professor Gerhard Höltje in den 60er-Jahren an der Konzeption der 737 mitwirkte – und sich für deren Produktion stark machte.

4.2 Ein bewegtes Flugzeugleben

Die Boeing 737-230QC mit der Baunummer 20254 wurde am 13. Januar 1970 fabrikneu auf dem Boeing Field bei Seattle im US-Bundesstaat Washington an Lufthansa übergeben. Nach 22 Maschinen der kleineren Version 737-130 zählte der D-ABCE registrierte »City Jet« zu der ersten Nachbestellung der um 1,83 Meter gestreckten Version »200«. Sechs dieser 737-230, darunter die »Landshut«, entsprachen der Version »Quick Change – QC«, die über ein großes seitliches Frachttor auf dem Hauptdeck verfügte. Der auf Paletten montierte Kabinenboden mit den darauf befestigten Sitzen sowie die ebenfalls auf Paletten stehenden Servicemodule mit einem Teil der Küche und Schränken konnten so schnell von Bord gerollt werden, bevor die Maschine in den Nachtstunden als Frachter zum Einsatz gelangte, Sie kamen vor dem ersten Passagiereinsatz am nächsten Morgen wieder an Bord. Diese »QC«-Version wurde von Lufthansa mit bis zu acht Sesseln in der First Class und 95 Economy-Class Sitzen bestuhlt. Für ein halbes Jahr flog die D-ABCE ohne einen Taufnamen, bis der Holzhändler Hans Niedermeier aus der niederbayerischen Bezirkshauptstadt Landshut die Dinge ins Rollen brachte. Zunächst schriftlich, dann im Rahmen eines persönlichen Gesprächs in der Kölner Konzernzentrale schaffte er es nach vielen vorangegangenen Absagen, das Lufthansa-Vorstandsmitglied Hans Süssenguth von der Idee zu überzeugen, die Maschine auf den Namen seiner Heimatstadt zu taufen. Es war der 7. August 1970 als Thea Deimer, Ehefrau des Landshuter Oberbürgermeisters, der zusammen mit einer hundertköpfigen Delegation in die bayerische Landeshauptstadt gereist war, die Maschine in einem Hangar des damaligen Flughafens München-Riem mit Sekt begoss und feierlich auf den Namen »Landshut« taufte.

Auch nach den dramatischen Ereignissen des Oktobers 1977 stand die D-ABCE nach einer Grundüberholung und Beseitigung von Schäden, die im Verlauf der Außenlandung in Aden und durch den Zugriff der GSG 9 in Mogadischu entstanden waren, bis zu ihrem Verkauf am 3. September 1985 für Lufthansa im Einsatz.

Ihr weiterer Weg führte über die US-amerikanische Presidential Airways, die TAN Honduras, die französischen Airlines Air Charter, ICS – Inter Ciel Service und L'Aéropostale zu den indonesischen Carriern Transmile Air Services und Garuda Indonesia. Schließlich fand sie in der brasilianischen TAF Linhas Aereas ihren finalen Eigentümer, der den »City Jet« im Januar 2008 ausmusterte und am Rande des Flughafens von Fortaleza abstellte. Spätestens ab ihrem Verkauf nach Indonesien im Jahr 1995 wurde die einstige »Landshut« ausschließlich als Frachter eingesetzt, was auf Grund ihrer »Quick Change«-Konfiguration keine größeren Modifikationen erforderte.

Lebenslauf der Boeing 737-230QC, Baunummer 20254

Januar 1970:	Fabrikneu an Lufthansa. Kennzeichen D-ABCE
September 1985:	Presidental Airways. Kennzeichen N302XV
Dezember 1987:	TAN Honduras, Kennzeichen N302XV
September 1988:	Air Charter, Kennzeichen: F-GFVJ
April 1990:	ICS – Inter Ciel Service. Kennzeichen: F-GFVJ
November 1990:	L'Aéropostale, Kennzeichen: F-GFVJ
Februar 1995:	Transmile Air Services. Kennzeichen: 9M-PMQ
Im Jahr 1996:	Miete durch Garuda Indonesia. Kennzeichen 9M-PMQ
Mai 1997:	Transmile Air Services. Kennzeichen: 9M-PMQ
August 2002:	TAF Linhas Aereas. Kennzeichen PT-MTB
Januar 2008:	Ausmusterung und Abstellung in Fortaleza
August 2017:	Beginn der Demontage in Fortaleza durch ein aus Deutschland entsandtes Team der Lufthansa Technik AG.
22. September 2017:	Ankunft des demontierten Flugzeugs in Friedrichshafen an Bord von Antonow An-124 und Iljuschin Il-76 Frachtern.

Technische Daten	Lufthansa Boeing 737-230QC
Spannweite	28,35 m
Länge	30,48 m
Höhe	11,28 m
Kabinenbereite	3,53 m
Frachtraum	21,10 m3
Leergewicht	27.100 kg
Maximales Startgewicht	50.200 kg
Maximales Landegewicht	46.700 kg
Reisegeschwindigkeit	778 km/h
Reichweite mit 9 Tonnen Nutzlast	2.116 km
Triebwerke	2 x Pratt & Whitney JT8D-9
Startschub	2 x 64,50 kn
Treibstoffkapazität	13.420 l
Reiseflugverbrauch	2.900 l
Neuwert (Stand 1984)	37 Millionen D-Mark

(Quelle: Lufthansa Jahrbuch 1984)

Oben: Das Cockpit-Layout des im »The Museum of Flight« in Seattle bewahrten 737-Prototyps entspricht dem Lufthansa-Standard. Schließlich sollte auch diese 737-130 ursprünglich an die deutsche Airline nach Abschluss des Flugtestprogramms ausgeliefert werden, wozu es jedoch auf Grund der Folgebestellung für die größeren 737-230 nicht kam. (Ted Huetter)

Rechts: Nachdem die 737-230QC D-ABCE gut ein halbes Jahr ohne Taufnamen flog, fand am 7. August 1970 am damaligen Flughafen München-Riem ihre feierliche Taufe auf den Städtenamen »Landshut« statt. (Flughafen München GmbH)

Die D-ABCE war eine von 47 Boeing 737-230 die Lufthansa ab 1970 in Dienst stellte, und von denen sie das letzte Exemplar 1998 ausmusterte. Darunter befanden sich sechs 737-230QC, die wie die »Landshut« flexibel in reiner Passagierversion oder als Frachter genutzt werden konnten. (Lufthansa)

Bis zu ihrem Verkauf am 3. September 1985 an die US-Airline Presidential Airways stand die D-ABCE weiterhin mit ihrem durch die Entführung belasteten Taufnamen »Landshut« bei Lufthansa im Dienst. (Lufthansa)

Dieses Foto zeigt das geöffnete Frachttor auf dem Hauptdeck einer 737-230 »Quick Change«, die zum Zeitpunkt dieser Aufnahme von Lufthansa als reiner Frachter genutzt wurde. (Werner Krüger / Lufthansa)

Die 737-230 wurden schrittweise ab Februar 1990 von der nächsten 737-Generation in Form der Versionen -330, -430 und -530 sowie den Airbus A320 in der Lufthansa-Flotte abgelöst. Diese Aufnahme zeigt die erste, im Februar 1990 an Lufthansa ausgelieferte 737-330 während ihrer Endmontage im Boeing-Werk Renton. (Boeing)

Die Geschichte der Boeing 737-230QC, Baunummer 20254, anhand von Sicherheitskarten erzählt.

Zum Zeitpunkt der Auslieferung an Lufthansa im Januar 1970 waren die Taschen der Passagiersitze mit dieser »Safety Card«-Version bestückt. (*)

Im Jahr 1983 entwarf Lufthansa diese neue, bis zur Ausmusterung der D-ABCE im Jahr 1985 zum Studium der Sicherheitsanweisungen verfügbaren »Safety Cards«. (*)

Als die »Landshut« im Oktober 1977 entführt wurde, fanden die Passagiere diese Sicherheitskarte in den Sitztaschen vor sich. (1 - 4) (*)

(*) Alle Sicherheitskarten entstammen der umfangreichen »Safety Card«-Sammlung von Thomas Wüstneck.

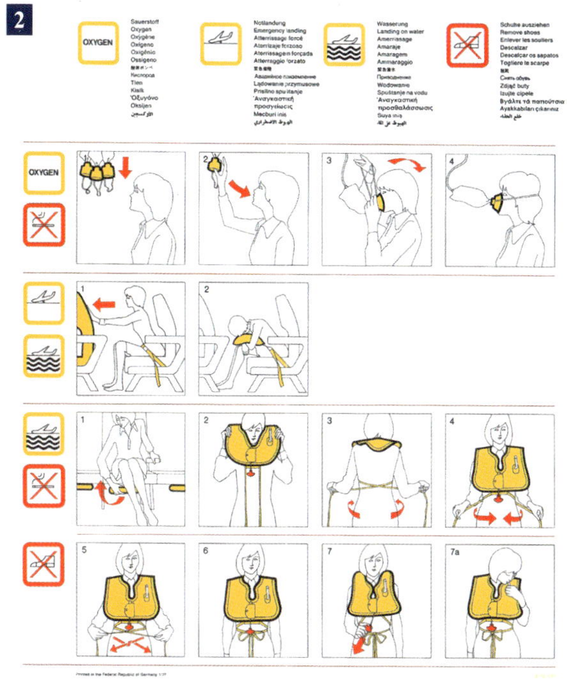
2
OXYGEN
Sauerstoff
Oxygen
Oxygène
Oxigeno
Oxigênio
Ossigeno
Tlen
Kisik
Ὀξυγόνο
Oksijen
Notlandung
Emergency landing
Atterrissage forcé
Aterrizaje forzoso
Aterrissagem forçada
Atterraggio forzato
Lądowanie przymusowe
Prisilno spuštanje
Ἀναγκαστική προσγείωσις
Mecburi iniş
Wasserung
Landing on water
Amerrissage
Amaraje
Amaragem
Ammaraggio
Wodowanie
Spuštanje na vodu
Ἀναγκαστική προσθαλάσσωσις
Suya iniş
Schuhe ausziehen
Remove shoes
Enlever les souliers
Descalzar
Descalçar os sapatos
Togliere le scarpe
Zdjąć buty
Izujte cipele
Βγάλτε τά παπούτσια
Ayakkabıları çıkarınız
1
2
3
4
1
2
1
2
3
4
5
6
7
7a

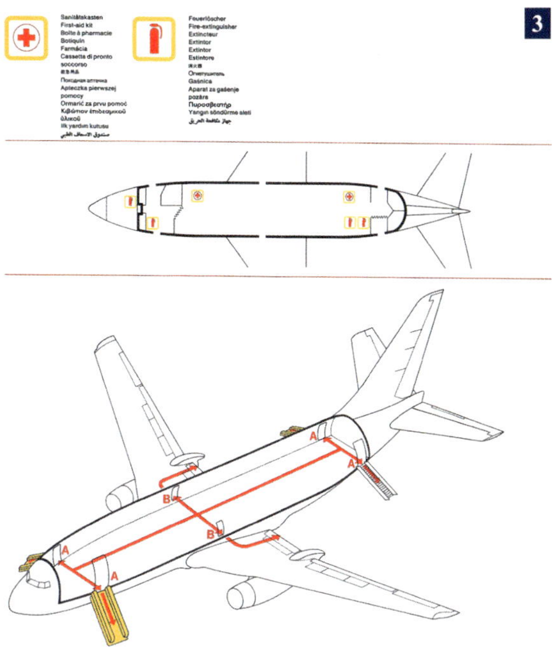
3
Sanitätskasten
First-aid kit
Boîte à pharmacie
Botiquin
Farmácia
Cassetta di pronto soccorso
Apteczka pierwszej pomocy
Ormarić za prvu pomoć
Κιβώτιον ἐπιδεσμικοῦ ὑλικοῦ
Ilk yardım kutusu
Feuerlöscher
Fire-extinguisher
Extincteur
Extintor
Extintor
Estintore
Gaśnica
Aparat za gašenje požara
Πυροσβεστήρ
Yangın söndürme aleti
A
A
B
B
A
A

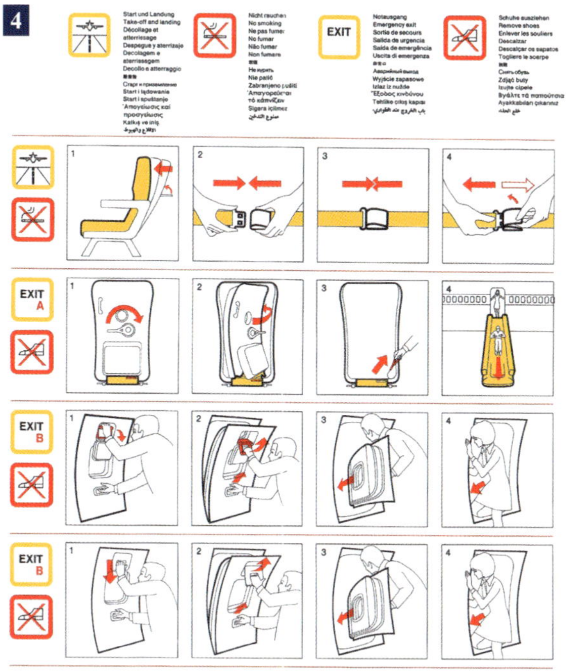
4
Start und Landung
Take-off and landing
Décollage et atterrissage
Despegue y aterrizaje
Decolagem e aterrissagem
Decollo e atterraggio
Start i lądowanie
Start i spuštanje
Ἀπογείωσις καί προσγείωσις
Kalkış ve iniş
Nicht rauchen
No smoking
Ne pas fumer
No fumar
Não fumar
Non fumare
Nie palić
Zabranjeno pušiti
Ἀπαγορεύεται τό κάπνιζειν
Sigara içilmez
EXIT
Notausgang
Emergency exit
Sortie de secours
Salida de urgencia
Saída de emergência
Uscita di emergenza
Wyjście zapasowe
Izlaz iz nužde
Ἔξοδος κινδύνου
Tehlike çıkış kapısı
Schuhe ausziehen
Remove shoes
Enlever les souliers
Descalzar
Descalçar os sapatos
Togliere le scarpe
Zdjąć buty
Izujte cipele
Βγάλτε τά παπούτσια
Ayakkabıları çıkarınız
1
2
3
4
EXIT A
EXIT B
EXIT B

Im September 1985 verkaufte Lufthansa die Baunummer 20254 an die amerikanische Presidential Airways, die sie mit dieser Safety Card ausstattete. (*)

Nächste Betreiberin war ab Dezember 1987 die TAN Honduras, deren Passagiere sich anhand der abgebildeten Grafik über das Verhalten in Notfällen informierten. (*)

Nach diesem Abstecher in Nord- und Mittelamerika kehrte die einstige »Landshut« nach Europa zurück und flog ab September 1988 bei der französischen ICS. (*)

Die Geschichte der Boeing 737 »Landshut«

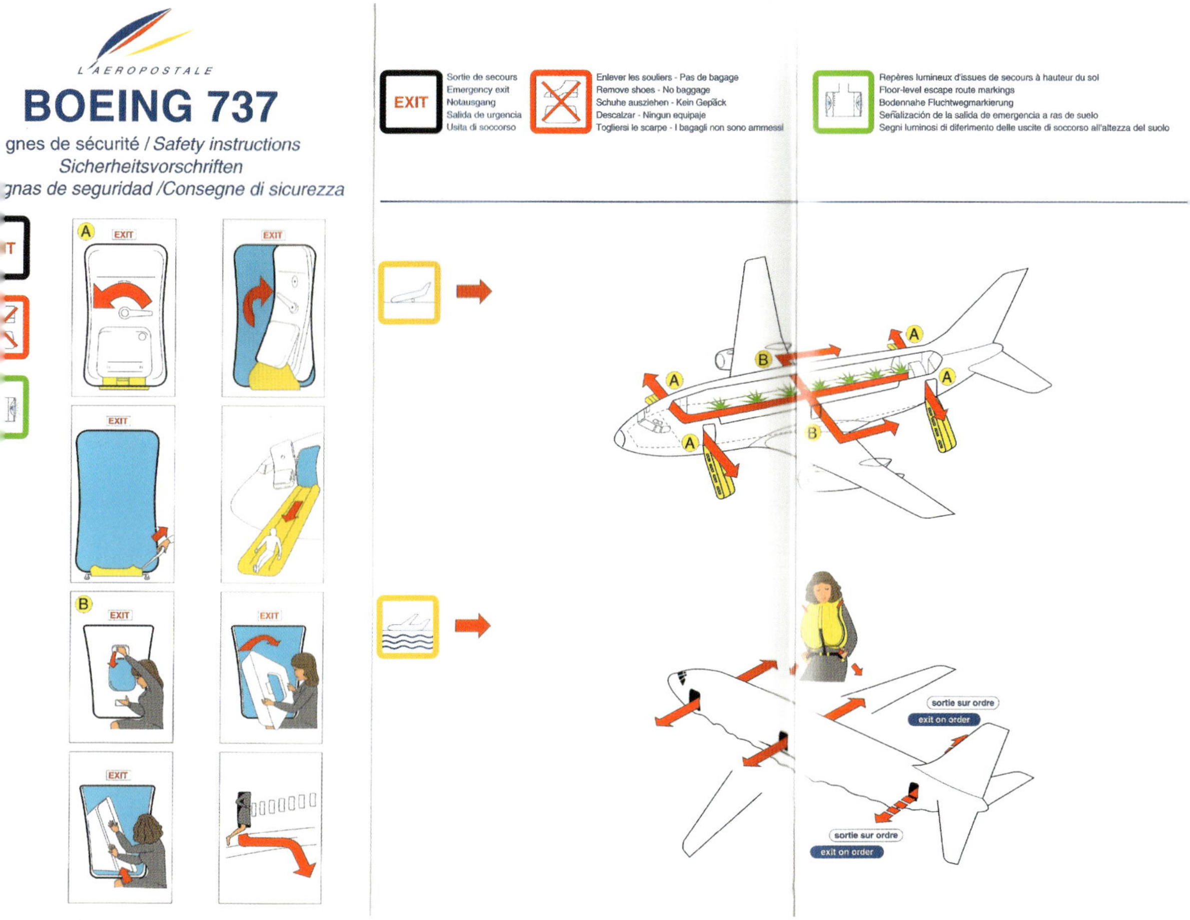

Die französische Post unterhielt mit L'Aéropostale eine eigene Fluglinie und ließ diese Safety Card für die frühere D-ABCE drucken. (*)

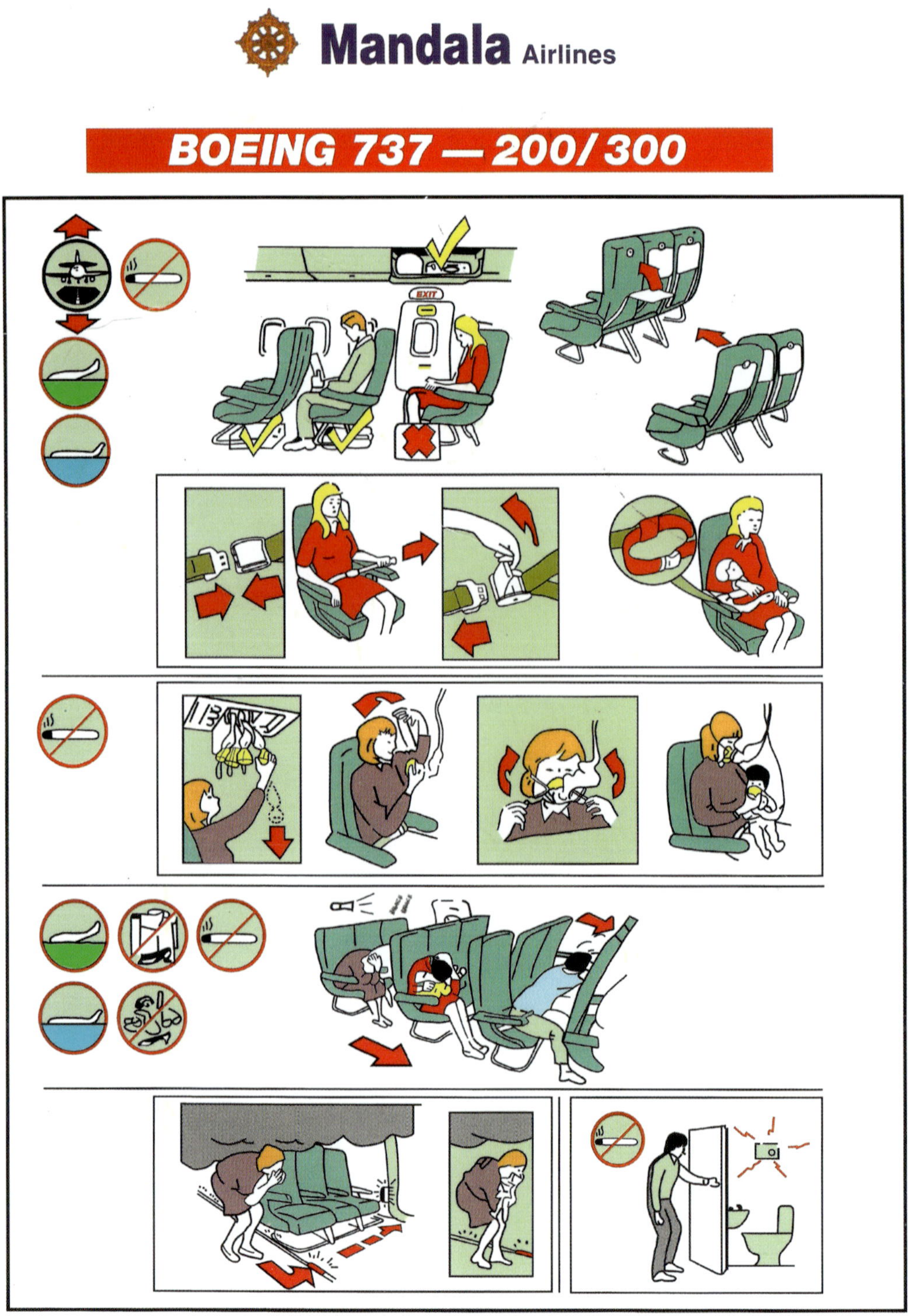

Mandala Airlines 1997

Über die malaysische Tansmile führte der Weg im Rahmen eines Leasing-Abkommens zur indonesischen Mandala, die ihrerseits für Garuda Indonesia flog. (*)

Im August 2002 fand die einstige D-ABCE schließlich in der brasilianischen TAF ihre letzte Eignerin, bevor sie im Januar 2008 ausgemustert und am Rande des Flughafens von Fortaleza ihrem Schicksal überlassen wurde. Von diesem letzten Kapitel der bewegten Flugzeuggeschichte zeugt diese direkt von Bord der früheren »Landshut« stammende Sicherheitskarte. (*)

KAPITEL 5 – DIE RÜCKKEHR NACH DEUTSCHLAND

5.1 Warum die »Landshut«?

Dass die »Landshut«, 40 Jahre nach der Geiselbefreiung und nur einen Tag vor der Bundestagswahl im Herbst 2017 nach Deutschland zurückkehrte, verdankte sie vor allem dem Engagement des damaligen Bundesaußenministers Sigmar Gabriel. Das Auswärtige Amt erwarb das für die deutsche Geschichte so symbolträchtige und in einem denkbar schlechten Zustand befindliche Flugzeug bereits im Mai des gleichen Jahres und veranlasste den Rücktransport in die Bundesrepublik. Damals konnte noch niemand ahnen, dass dem Medienspektakel, das die Ankunft des demontierten Flugzeugs an Bord zweier An-124 und IL-76 Großraumtransporter begleitete, eine langjährige Phase der Untätigkeit folgen würde. Bis zur Drucklegung dieses Buches im Frühjahr 2021 wurde zwischen der Bundesregierung, dem Dornier Museum und den »Landshut«-Geiseln emotional diskutiert, wo und wie ein Museum rund um die Maschine zu planen und zu bauen sowie langfristig zu finanzieren sei.

Doch zurück in das Jahr 2017, in dem Sigmar Gabriel die mit der »Landshut« verbundene Botschaft proklamierte, dass der Staat sich nicht unterkriegen lasse. Gabriel, so heißt es in einem damals vom Auswärtigem Amt veröffentlichten Statement, habe im Februar des Jahres vom traurigen Schicksal der »Landshut« erfahren. »Niemand kann die flimmernden Bilder aus Mogadischu vergessen, niemand auch die große Erleichterung, als alle Geiseln unverletzt befreit werden konnten«, so der Minister. Die Befreiung der »Landshut« auf dem Flugfeld von Mogadischu sah Gabriel damals als: »bis heute lebendiges Symbol unserer wehrhaften Demokratie und einer freien Gesellschaft, die sich von Angst und Terror nicht unterkriegen lässt. Die ‚Landshut' ist deshalb viel mehr als ein altes Flugzeug, sie ist ein Mutmacher.« Sigmar Gabriel sah sich zudem 2017 mit der Beauftragten der Bundesregierung für Bildung und Wissenschaft, Monika Grütters einig, dass die »Landshut« es verdient habe »in Deutschland eine letzte und würdige Heimat zu finden.« Be-

Ob sich die D-ABCE »Landshut« je wieder so makellos wie auf dieser von Lufthansa in den 70er-Jahren herausgegebenen Postkarte präsentieren wird? (Lufthansa / Sammlung Wolfgang Borgmann)

reits im Juli 2017, und damit zwei Monate vor Ankunft der demontierten Maschine am Bodensee, hatte sich Gabriel unter mehreren anderen sich bietenden Alternativen für das Dornier Museum als künftigen Standort entschieden. So verkündete das Auswärtige Amt am 27. Juli: »In Friedrichshafen wird für die »Landshut« ein museales Konzept erarbeitet werden, um die Maschine in die Ausstellung des Luft- und Raumfahrtmuseums einzubinden. Dabei soll die Entführung und Befreiung des Flugzeugs historisch beleuchtet werden...«

5.2 Demontage in Fortaleza

Derart optimistisch gestimmt, beauftragte das Außenministerium das deutsche Luftfahrttechnik-Unternehmen Lufthansa Technik AG mit der fachgerechten Demontage und Überführung des am Rande des brasilianischen Flughafens Fortaleza seit 2008 seinem Schicksal überlassenen Flugzeugs.
Am 22. August 2017 begann ein fünfzehnköpfiges Expertenteam der Lufthansa Technik mit den Arbeiten. Große Schritte waren dabei zunächst die Demontage der Triebwerke, gefolgt von den Höhen- und Seitenleitwerken. Nachdem das Flugzeug aufgebockt war, konnten auch die Fahrwerke ausgebaut werden. Am 13. September folgte der aufwändigste Arbeitsschritt mit der Trennung der linken Tragfläche vom Rumpf. Martin Brandes, damaliger Projektleiter »Landshut« bei Lufthansa Technik, blickte 2018 auf das Geleistete zurück: »4.000 spannende, herausfordernde aber auch faszinierende Arbeitsstunden liegen hinter uns. Bei über 50 Grad Innenraumtemperatur stundenlang in der Tragfläche kopfüber Nietverbindungen zu lösen, ist nicht für jeden ein Traumjob. Aber wir haben alle die nötige Motivation dafür. Die Chance, so einen Job zu übernehmen, bekommt man nicht zweimal im Leben. Die damalige Projektkoordinatorin der Lufthansa Technik, Lisa Hafemann ergänzte: »Wir haben im Umfeld einer einmaligen Kombination aus luftfahrttechnischer Perfektion, totaler Improvisation und brasilianischem Humor gearbeitet.«
Der fachmännischen Demontage von Rumpf, Leitwerk und Tragflächen schloss sich deren Verladung an Bord von zwei Großraumfrachtern der russischen Typen Antonow An-124 und Iljuschin IL-76 an, die ihre symbolhaltige Fracht am Morgen des 22. September 2017 wohlbehalten am Flughafen Friedrichshafen ablieferten. »Wir alle sind stolz, Teil der historischen Aufgabe zu sein, dieses für die Deutsche Geschichte so wichtige Flugzeug zurück in die Heimat zu holen«, freute sich Brandes am Tag der »Landshut«-Ankunft in jener Stadt am Bodensee.

Zwischen 2008 und 2017 wurde die Maschine am Rande des Flughafens von Fortaleza ihrem Schicksal überlassen. (Lufthansa Bildarchiv)

Am 22. August 2017 begannen 15 Experten der Lufthansa Technik im Auftrag der Bundesregierung mit der Demontage der einstigen »Landshut«. (Lufthansa Bildarchiv)

Demontage in Fortaleza

Highlights der rund 4.000 Arbeitsstunden in Anspruch nehmenden Demontage waren der Abbau der Triebwerke, gefolgt von den Höhen- und Seitenleitwerken. Erst das Aufbocken des Flugzeugs erlaubte

Demontage in Fortaleza

den Ausbau der Fahrwerke. Der anspruchsvollste Arbeitsschritt war jedoch das Ziehen der Tragflächenbolzen und die dadurch ermöglichte Trennung von Flächen und Rumpf. Schließlich konnten die abge-

Demontage in Fortaleza

bauten Elemente in die beiden Frachtmaschinen zum Lufttransport nach Deutschland verladen werden. (Lufthansa Bildarchiv)

5.3 Doch (k)eine Endstation in Friedrichshafen?

Die Landung der beiden Großraumfrachter mit ihrer wertvollen Fracht an Bord war ein Spektakel, zu dem sich zahlreiche Schaulustige aus der Region und an die 100 Medienvertreter, darunter viele Fernsehteams, auf dem Friedrichshafener Airport einfanden. Um möglichst vielen Menschen einen hautnahen Eindruck zu vermitteln, hatte das Dornier Museum einen Tag der offenen Tür anlässlich der »Landshut«-Ankunft organisiert und an Stelle eines Eintrittsgeldes um eine Spende für das Projekt gebeten. Auch die in diesem Buch befragten Zeitzeugen Aribert Martin, Diana Müll und Jürgen Vietor ließen es sich nicht nehmen, die zerlegte Maschine in Deutschland persönlich willkommen zu heißen. Nachdem am Morgen zunächst die An-124 mit dem Rumpf an Bord gelandet war, folgte ihr in den Mittagsstunden die IL-76 mit den fachgerecht verladenen Tragflächen und dem Leitwerk.
Auch für das Dornier-Team, allen voran den damaligen Museumsdirektor David Dornier war der 22. September 2017 ein bedeutsamer Tag, den er wie folgt kommentierte: »Das Team des Dornier Museums hat hart dafür gearbeitet, die Landshut nach Friedrichshafen zu holen. Dass sie jetzt hier ist, macht mich stolz.« Der Enkel des Firmengründers Claude Dornier rechnete damit, die zunächst in einer ungenutzten Flughafenhalle untergebrachte »Landshut« in restauriertem Zustand ab Oktober 2019 der Öffentlichkeit, in einem eigens für die Ausstellung errichteten Museumsanbau zu präsentieren.

Zitat:
»Bei der »Landshut« handelt es sich um ein wichtiges Stück bundesrepublikanischer Nachkriegsgeschichte. Die RAF und das Jahr 1977 gehören zur Geschichte der Bundesrepublik Deutschland. Ich habe großen Respekt vor den Opfern und ihren Nachfahren.« Monika Grütters, Beauftragte der Bundesregierung für Kultur und Medien.

Eher eine Randnotiz an jenem 22. September 2017 war der Übergang der Projektverantwortung vom Auswärtigen Amt zur Beauftragten der Bundesregierung für Kultur und Medien (BKM), Monika Grütters. Am 25. Januar 2018 beschrieb das BKM das weitere Vorgehen, die geplante Kostenverteilung auf die Ministerien sowie den geschätzten Kostenrahmen: »Die Bundesregierung nimmt mit ihrem Engagement für die ehemalige Lufthansa-Maschine »Landshut« ihre Verantwortung für den Erhalt eines herausragenden zeitgeschichtlichen Objektes wahr, das an die Auseinandersetzung mit dem RAF-Terrorismus erinnert. Die »Landshut« ist am 23.

September 2017 in Friedrichshafen eingetroffen und wird nun zunächst für einige Zeit zerlegt und in einem Hangar auf dem Flughafengelände gelagert. Vor einer Remontage und Restaurierung der Maschine gilt es, ein wissenschaftlich tragfähiges Museumskonzept als Grundlage des weiteren Vorgehens zu erarbeiten. Dazu hat die Dornier-Stiftung für Luft- und Raumfahrt als Projektträger derzeit zwei Stellen für die wissenschaftliche Projektleitung und eine/n Museumswissenschaftler/in ausgeschrieben. Das Konzept dient nicht nur dazu, die »Landshut« als weitgehend authentisches Objekt angemessen zu sichern und in den zeitgeschichtlichen Kontext des RAF-Terrorismus einzuordnen, sondern auch als Masterplan, der wesentliche Vorgaben für die Aufbereitung der Maschine, den Umfang und die Gestaltung einer begleitenden Ausstellung sowie für die noch zu errichtende Ausstellungshalle macht. Für die Erarbeitung und schrittweise Umsetzung dieser Konzeption muss deshalb eine angemessene Zeit vorgesehen werden, vergleichbar etwa mit der Vorbereitungszeit großer Sonderausstellungen an bestehenden Museen. Dementsprechend erscheint eine Projektlaufzeit von etwa drei Jahren derzeit realistisch. Ein geschichtswissenschaftlich und museal ausgewiesener Beirat soll das Vorhaben be-

»Landshut«-Copilot Jürgen Vietor war bei der Ankunft der Maschine am 22. September 2017 in Friedrichshafen ein viel gefragter Zeitzeuge. (Dornier Museum)

gleiten, dessen Berufung durch die Dornier-Stiftung in Kürze erfolgen wird. Die BKM wird die Erstellung und Umsetzung des Ausstellungskonzepts einschließlich der erforderlichen Personalkosten sowie die Remontage und Restaurierung des Flugzeugs betreuen und finanzieren. Das Auswärtige Amt hat die Betreuung und Finanzierung der Demontage und des Rücktransports der »Landshut« übernommen und wird für die Finanzierung des Baus einer Ausstellungshalle Sorge tragen. Konkrete Planungen für die Errichtung dieser Halle liegen derzeit aber noch nicht vor. Die Kosten für die Erstellung und Umsetzung des Ausstellungskonzeptes werden auf bis zu 5 Mio. Euro geschätzt. Der Bau einer Ausstellungshalle wird nach derzeitiger Einschätzung ebenfalls bis zu 5 Mio. Euro kosten, so dass sich für das Projekt Gesamtkosten von bis zu 10 Mio. Euro ergeben.«

Im August 2018 nahm Dr. Barbara Wagner als Kuratorin und Projektleiterin der Dornier Stiftung für Luft- und Raumfahrt die Arbeit an dem musealen Konzept auf. Doch blieb die Finanzierung des Gesamtvorhabens über Jahre hinweg eine zwischen dem BKM, dem Dornier Museum und der Dornier Stiftung umstrittene Frage. Im Herbst 2020 schienen sich die Projektpartner soweit zerstritten zu haben, dass die Bundesregierung aktiv nach einem Alternativstandort Ausschau hielt. So titelte eine Regionalzeitung aus der Bodensee-Region: »Landshut-Projekt in Friedrichshafen vor dem Aus« und besorgte ehemalige Geiseln verfassten einen Brief an Bundeskanzlerin Angela Merkel, der auch Vizekanzler Olaf Scholz und Kulturstaatsministerin Grütters zugestellt wurde. Darin appellierten sie, das Flugzeug endlich der Öffentlichkeit zugänglich zu machen. Wörtlich hieß es darin: »Wir fordern Sie auf, das im Koalitionsvertrag fixierte Vorhaben Erinnerungsort »Landshut« endlich auf den Weg zu bringen.«

Nachdem der Museumsstandort Friedrichshafen aus dem Rennen schien, brachten die Bundesregierung und Initiativen der einstigen »Landshut«-Geiseln das Luftwaffenmuseum in Berlin-Gatow, den einstigen Zentralflughafen Berlin-Tempelhof sowie den früheren Airport in München-Riem als mögliche Alternativen ins Spiel. Dazu schrieb das BKM am 3. September 2020: »Die Bundesregierung verfolgt nach wie vor das Ziel, die »Landshut« – wie im Koalitionsvertrag verabredet – in Gedenken an die Ereignisse von 1977 auszustellen. Die ehemalige Lufthansa-Maschine wurde im Sommer 2017 auf Initiative des damaligen Bundesaußenministers Sigmar Gabriel aus Brasilien nach Friedrichshafen überführt. Das Auswärtige Amt ist Eigentümerin des Flugzeugs und beabsichtigte, die »Landshut« im Dornier-Museum in Friedrichshafen zu zeigen. Für den Fortbestand des ursprünglich verfolgten Standorts in Friedrichshafen besteht aus gegenwärtiger Sicht jedoch keine verlässliche Gewähr. Deshalb prüft das Bundesministerium der Verteidigung, ob und wie die »Landshut« in die derzeit laufende Neukonzeption des Militärhistorischen Museums in Berlin-Gatow eingebunden werden kann. Diese Idee nimmt insbesondere die »Landshut« als Symbol für eine wehrhafte Demokratie in den Blick. Das Ergebnis der Prüfung dient der Bundesregierung dann als Entscheidungsgrundlage für das weitere Vorgehen. Unabhängig davon erstellt die Dornier Stiftung für Luft- und Raumfahrt ein standortunabhängiges Konzept für die Ausstellung der »Landshut«. Dieses Konzept wird von der Beauftragten der Bundesregierung für Kultur und Medien gefördert und von einem wissenschaftlichen Beirat begleitet.«

Dazu nahm die Dornier Stiftung für Luft- und Raumfahrt wie folgt auf der offiziellen Internetseite des Landshut-Projekts Stellung: »AKTUELLE MELDUNG Liebe Freunde und Unterstützer des Landshut-Projekts, die Dornier Stiftung für Luft- und Raumfahrt und das Dornier Museum Friedrichshafen haben sich in den vergangenen Jahren mit viel Engagement und persönlichem Einsatz vieler Mitarbeiter sowie des Stiftungsvorstandes für eine Realisierung der Landshut-Ausstellung am Standort Friedrichshafen eingesetzt. Zentrales Ausstellungsobjekt sollte die 2017 von Brasilien/Fortaleza nach Friedrichshafen transportierte Boeing 737-200QC »Landshut« sein. Wie den jüngsten Medienberichten zu entnehmen ist, werden derzeit andere Standorte von Seiten der Beauftragten der Bundesregierung für Kultur und Medien (BKM) für eine Landshut-Ausstellung geprüft, wodurch eine Umsetzung am Standort Friedrichshafen in unmittelbarer Nähe zum Dornier Museum in weite Ferne rückt. Da die Dornier Stiftung für Luft- und Raumfahrt sowie das Dornier Museum Friedrichshafen unter diesen Umständen die weitere Entwicklung dieses bundesdeutschen Ausstellungsprojekts nicht weiter aktiv mitgestalten kann, ist es uns leider nicht möglich, diese Projektwebseite mit aktuellen und eigenen Inhalten zu füllen und weiter zu betreiben. Unabhängig davon, an welchem Standort die Landshut-Ausstellung realisiert wird, unterstützt die Dornier Stiftung für Luft- und Raumfahrt dieses für die Bundesrepublik Deutschland bedeutsame Ausstellungsprojekt im Rahmen ihrer Möglichkeiten. Ein großer Dank geht an die zahlreichen Zeitzeugen und Geiseln der Landshut-Entführung 1977 sowie allen Beteiligten und Unterstützer dieses Projekts, mit diesen wir noch heute und hoffentlich auch in Zukunft weiterhin in Kontakt stehen werden. Für Auskünfte und Informationen zum Projekt bitten wir Sie daher, direkt mit der Beauftragten der Bundesregierung für Kultur und Medien (BKM) in Kontakt zu treten. Dort können Ihre Fragen aus erster Hand beantwortet werden...«

Doch dann überschlugen sich die Ereignisse. Am 27. November 2020 gab der Bi-

Der als damaliger GSG 9-Beamter an der Erstürmung der »Landshut« beteiligte Aribert Martin im Interview anlässlich der Rückkehr der D-ABCE nach Deutschland. (Dornier Museum)

beracher Bundestagsabgeordnete aus dem Bodenseekreis, Martin Gerster (SPD) bekannt, dass der Haushaltsausschuss des Deutschen Bundestages 15 Millionen Euro zur Umsetzung des Ausstellungskonzepts zur »Landshut« in Friedrichshafen zur Verfügung gestellt hat. 2,5 Millionen Euro dieser Zuschüsse sollen der konservatorischen Behandlung und Restaurierung des Flugzeugs dienen, weitere 2,5 Millionen Euro dem Bau eines Hangar-Gebäudes, 1,5 Millionen Euro für dessen technische Ausstattung und eine weitere Million Euro ist für das pädagogische Konzept vorgesehen. Die übrigen 7,5 Millionen Euro werden als anteiliger Betriebskostenzuschuss über einen Zeitraum von zehn Jahren gezahlt. Damit ist die Auflage verbunden, die Eintrittspreise des Museums bei fünf Euro pro Person zu deckeln. Die notwendigen Mittel entstammen dem Etat der Bundeszentrale für politische Bildung, die im Bundesministerium des Inneren für Bau und Heimat angesiedelt ist. Auch das BKM bestätigte am 5. Januar die neuen Fakten: »Die ursprüngliche, 2017 getroffene Entscheidung, die »Landshut« in Gedenken an die Befreiung im Jahre 1977 am Standort Friedrichshafen im dortigen Dornier-Museum auszustellen, geht auf Bundesaußenminister a.D. Sigmar Gabriel zurück. Zwischenzeitlich hat

Diana Müll war bereits im Vorfeld der »Landshut«-Rückholaktion in das brasilianische Fortaleza gereist und konnte dort das Flugzeug noch im zusammengebauten Zustand – 40 Jahre nach dessen Entführung – erleben. Dennoch ließ sie es sich nicht nehmen, auch bei der Ankunft der jetzt demontierten Maschine in Friedrichshafen dabei zu sein. (Dornier Museum)

der Deutsche Bundestag insgesamt bis zu 15 Millionen Euro im Einzelplan des Bundesinnenministeriums (im Kapitel der Bundeszentrale für politische Bildung) ab dem Haushaltsjahr 2021 für die Ausstellung der »Landshut« in Friedrichshafen etatisiert. Für die Standortfrage ergibt sich dadurch eine neue Ausgangslage. Die Zuständigkeit für das Projekt geht damit in den Geschäftsbereich des Bundesinnenministeriums (BMI) über.«

Doch wer nun dachte, dass damit der Verbleib der »Landshut« in Friedrichshafen gesichert sei, sah sich zumindest zum Zeitpunkt der Drucklegung dieses Buches getäuscht. Denn nur einen Tag später, am 6. Januar 2021 nahm das Innenministerium dazu wie folgt Stellung: »Die Bundeszentrale für politische Bildung (BpB) steht mit der Übernahme der Aufgaben im Rahmen des Projektes »Landshut« Anfang Januar 2021 vor komplexen Herausforderungen. Dabei ist insbesondere die Entscheidung des Standortes von hoher Tragweite, da das beabsichtigte Dokumentationszentrum »Landshut« nicht nur unterschiedlichen Anforderungen und Interessen

gerecht werden muss, sondern sich als künftiger Lernort der politischen Bildung den Prinzipien der Partizipation und Vielstimmigkeit verpflichtet.
Fragen der Ausstellung, der Vermittlungskonzeption und auch des Standortes werden unter Einbeziehung vielfältiger Akteure und einer interessierten Öffentlichkeit diskutiert. Dieser Prozess wird von der BpB als integraler Bestandteil der Bildungskonzeption »Landshut« verstanden und ist daher noch nicht abgeschlossen.«
So blieb die Frage, ob das Ausstellungskonzept am Bodensee eine Zukunft hat, auch mehr als drei Jahre nach Ankunft der »Landshut« unbeantwortet.

Es bleibt zu hoffen, dass die »Landshut« eines Tages genau so freudig an ihrem finalen Museumsstandort empfangen wird, wie hier die erste fabrikneue Boeing 737 der Lufthansa im Jahr 1968 – nach ihrer Ankunft auf der Lufthansa-Basis in Hamburg. (LH-Bildarchiv / Lufthansa)

DANKSAGUNG

Persönliche Gespräche, unzählige Telefonate und E-Mails mit folgenden Personen haben zum Gelingen dieses Buches beigetragen:
Harald Claasen, Thomas Erich, Dieter Fox, Aribert Martin, Diana Müll, Jürgen Vietor und Dr. Barbara Wagner.
Mein besonderer Dank gilt meiner geliebten Carol für ihre monatelange Unterstützung während ich dieses ausgesprochen emotionale Thema in Buchform brachte.

QUELLEN

- Auswärtiges Amt der Bundesrepublik Deutschland
- Die Beauftragte der Bundesregierung für Kultur und Medien
- Bundesministerium des Inneren, für Bau und Heimat
- Bundespolizei
- Dornier Museum für Luft- und Raumfahrt
- Historische Dokumente der Deutschen Lufthansa AG
- Haus der Geschichte der Bundesrepublik Deutschland
- Landesamt für Verfassungsschutz Baden-Württemberg
- Martin Gerster, MdB

DER AUTOR

Luftfahrtjournalist und Buchautor Wolfgang Borgmann. (privat)

Spannend und fachkundig erzählte Bücher rund um die faszinierendsten Aspekte der Zeitgeschichte sind das Markenzeichen des Autors Wolfgang Borgmann. Nach einem Volontariat, gefolgt von Festanstellungen bei Fachmagazinen sowie einer PR-Agentur, ist Wolfgang Borgmann seit April 2000 als Buchautor und freier Journalist selbständig tätig.

Nach der Buchreihe »Die Flugzeugstars« mit bislang sieben Titeln sowie den Werken Lockheed L-1649A Super Star«, »Das Goldene Zeitalter des Luftverkehrs«, »Flug in die Vergangenheit«, »Ikonen der Luftfahrt«, »Klassische Propliner«, »Legendäre Jetliner«, »Lockheed Constellation Königin der Lüfte« sowie »DMAX Superflugzeuge weltweit« präsentiert Wolfgang Borgmann diesmal ein Werk über eines der dunkelsten Kapitel der deutschen Nachkriegsgeschichte. Die Entführung der Lufthansa-Maschine »Landshut« im Oktober 1977 war der Höhepunkt einer Terrorwelle, mit der die Bundesrepublik Deutschland in den 70er-Jahren von Linksterroristen überrollt wurde. Neben der Schilderung der damaligen Terrorlage sowie der Entführung des Lufthansa-Fluges LH 181 geht Wolfgang Borgmann der Frage nach, wie diese fünf Entführungstage bis heute das Leben der damaligen Geiseln und ihrer Retter prägt.

www.aerojournalist.de